Inhalt

Gärtner sind Selbermacher

Liebe Leserin und lieber Leser,

es gibt viele verschiedene Möglichkeiten, einen Garten zu betrachten. Gut gestaltete Gärten lenken den Blick des Betrachters mit Hilfe von Sichtachsen. Vorzeigegärten erfreuen das Auge. Noch schöner ist es, mit und in seinem eigenen Garten zu leben. Ihn mit allen Sinnen zu besetzen. Sich darin wohlzufühlen. Und selbst Gartenarbeit zu einem sinnlichen Vergnügen werden zu lassen.

Noch eine etwas andere Sichtweise auf den Garten ergibt sich beim Blick über den Rand Ihrer Nähmaschine. Denn dieses Buch liefert Ihnen Nähanleitungen für Kleidung und Accessoires speziell für Garten und Balkon. So können Sie sich und Ihr grünes Reich ganz nach Ihrem Geschmack einkleiden und mit Ihrer individuellen Note versehen. Denn wir Gärtner sind Selbermacher. Mit Pflanzen gestalten wir unser eigenes Paradies in Form von farbenfrohen Beeten und lauschigen Sitzplätzen. Und für die weitere Ausstattung genügen etwas Stoff, Nadel und Faden.

Sie sind Nähanfänger? Kein Problem! Auch Sie werden in diesem Buch fündig. Unkomplizierte Schnitte mit geraden Nähten sind für Sie am Anfang ideal. Legen Sie einfach los. Kreativ sein tut gut! Experimentieren regt die Fantasie an, und nichts ist wohltuender als Gegengewicht zum manchmal grauen Alltag.

Gärtnern und Nähen sind zwar sehr unterschiedliche Tätigkeiten, und dennoch gibt es Gemeinsames: Beides erfordert Geduld, Muße und freie Zeit. Und beides schenkt uns am Ende dieses gute Gefühl von Zufriedenheit, etwas geschaffen und zugleich geschafft zu haben. Die zwangsläufigen Missgeschicke sind zwar nicht willkommen, aber erinnern uns immer wieder, dass sie zum (Garten-)Leben einfach dazugehören.

Während der Arbeit an diesem Buch hat mein eigener Garten ganz schön zurückstecken müssen. Er hat sich mit Unkraut gerächt. Deshalb gehe ich jetzt in meinen Garten. Und wenn ich Sie zum Nähen inspirieren kann, würde ich mich sehr freuen. Viel Spaß dabei!

Ines Wagner

Ines Wagner

So geht's

Genauso wie für die Gartenarbeit gibt es für das Nähen eine notwendige Grundausstattung und hilfreiche Tipps, die Ihnen die Arbeit erleichtern.

Ausstattung und Techniken

Zuallererst die **Nähmaschine**. Hier genügt ein einfaches Modell mit Rück- und Zickzackstich. Diverse Zierstiche, die viele Maschinen mitbringen, werden meiner Erfahrung nach meistens nicht benötigt.

Sehr empfehlenswert ist hingegen die Möglichkeit, die Nähnadel mittels **Stichverlagerung** seitlich zu verschieben. Lassen Sie beim Steppen den Stoffrand mit der rechten Kante des Nähfußes abschließen. Dadurch können Sie Nähte mit ca. 0,5 cm Abstand zur Stoffkante **schmalkantig**, mit ca. 0,8 cm **füßchenbreit** oder mit ca. 1,0 cm absteppen, ohne die Naht mit einem Heftfaden oder Ähnlichem markieren zu müssen. Für größere Abstände empfiehlt sich ein **Kantenlineal**, das häufig als Nähmaschinenzubehör mit der Maschine mitgeliefert wird.

Ebenso gehören zur Grundausstattung der **Geradstichnähfuß**, der für alle Nähte geeignet ist, und der **Reißverschlussfuß**, um Reißverschlüsse leichter einnähen zu können. Wachstuch lässt sich mit einem speziellen **Anti-Haft-Fuß** von der Maschine leichter transportieren.

Verschiedene **Nähmaschinennadeln** erleichtern Ihnen die Arbeit. Stärkere Baumwollstoffe werden am besten mit einer **Jeansnadel** genäht. Für leichten Baumwollstoff, Wachstuch und Jute eignet sich die **Universalnadel**. Strickstoff und alle elastischen Stoffe sollten Sie hingegen mit einer **Jerseynadel** nähen. Generell gilt: Je mehr Stofflagen zu durchdringen sind, desto stärker sollte die Nadel sein. Mit einer passenden Nadel unterstützen Sie die Wirkungskraft Ihrer Nähmaschine.

Eine **Overlockmaschine** ist eher für Vielnäher empfehlenswert. Sie versäubert Stoffkanten besonders schön. Wenn Sie allerdings keine Overlockmaschine zur Verfügung haben, genügt auch der einfache **Zickzackstich** Ihrer Nähmaschine. Das **Versäubern** verhindert ein Ausfransen des Stoffes.

Die Anschaffung einer speziellen **Schneiderschere** lohnt sich auf alle Fälle. Achten Sie auf gute Qualität und schneiden Sie mit ihr niemals Papier, sonst wird sie stumpf. Falls sich die Schnittwirkung doch einmal verschlechtern sollte, kann sie von einem professionellen Scherenschleifer für wenig Geld nachgeschliffen werden. Mit einer kleinen **Stickschere**, die während des Nähens neben der Maschine liegen sollte, können Sie den Faden nach jedem Steppen direkt an der Naht abschneiden. Falls eine Naht mal nicht so schön geworden ist, können Sie diese mit einem **Nahttrenner** wieder öffnen. Aber Achtung: Neue Nahttrenner sind sehr scharf und mit zu viel Schwung wird auch der Stoff zerschnitten.

Links: Kantenlineal, Reißverschlussfuß, Anti-Haft-Fuß und Universalfuß gehören zur Grundausstattung der Nähmaschine.

Rechts: Mit der kleinen Stickschere lassen sich Ober- und Unterfaden direkt an der Naht abschneiden.

Wachstuch und **Lackfolie** lassen sich nicht nur mit der Schere, sondern auch gut mit Hilfe von **Cutter**, Stahllineal und einer schnittfesten Unterlage schneiden. Passen Sie auf, dass Sie das Lineal beim Schneiden gleichmäßig belasten, damit der Schnitt gerade bleibt und achten Sie auf Ihre Finger!

Stecknadeln sind vielseitig einsetzbar. Mit ihnen stecken Sie nicht nur den Schnitt auf dem Stoff fest. Quer gesteckte Stecknadeln halten zu steppende Stoffteile zusammen, sodass Sie mit der Nähmaschine problemlos darüber nähen können. Dadurch ersparen Sie sich das Heften. Nur für kurvige Ausschnitte oder andere verzwickte Stellen sollten Sie mit einem **Heftfaden** von Hand vornähen. Stecknadeln können auch genutzt werden, um Saumkanten zu markieren, bevor die Nahtzugabe umgeschlagen wird. Wachstuch hingegen sollten Sie nicht mit Stecknadeln stecken, da jeder Stich im Wachstuch sichtbar bleibt. Hier können Sie sich mit **Büroklammern** behelfen.

Um Schnitte vom Schnittmusterbogen zu übertragen, verwenden Sie am besten spezielles **Schnittmuster-** oder **Seidenpapier**. Durch seine Transparenz können Sie alle wichtigen Details der Schnittvorlage übertragen. Ihren Papierschnitt legen Sie auf die **linke**, also die innere Stoffseite. Die äußere Stoffseite wird als die **rechte Seite** bezeichnet. Zwei aneinanderzunähende Teile werden **rechts auf rechts** aufeinandergelegt, sodass die beiden äußeren Stoffseiten innen liegen.

Bei großen Stoffbreiten ist der Stoff auf dem Ballen doppelt gelegt, indem er der Länge nach in der Mitte umgefaltet wurde. Diese mittige Stoffkante nennt man **Stoffbruch.** Bei größeren Schnitten – z. B. für Oberteile – zeigt auch der Schnitt daher oft nur die Hälfte des Schnittteils (auf dem Bogen vermerkt). Wenn dieser halbierte Schnitt an den Stoffbruch des halbierten Stoffes angelegt wird, haben Sie mit halber Arbeit ein ganzes Teil zugeschnitten. Aber Obacht: Ihr Stoff muss hierbei beidseitig immer schön im sogenannten **Fadenlauf** aufeinanderliegen. Ihn geben die Längsfäden des gewebten Stoffes, die parallel zu den Webkanten verlaufen, vor. Wenn Sie ihren Stoff genau betrachten, können Sie den Fadenlauf erkennen. In den Schnitten ist häufig der Fadenlauf vorgegeben. Er wird mit einem Strichpfeil und der Bezeichnung Fadenlauf dargestellt, sodass beim Auflegen des Papierschnitts auf den Stoff der eingezeichnete Fadenlauf mit dem tatsächlichen

Für Wachstuch eignen sich Büroklammern besser als Stecknadeln. So gibt es keine Löcher im Material.

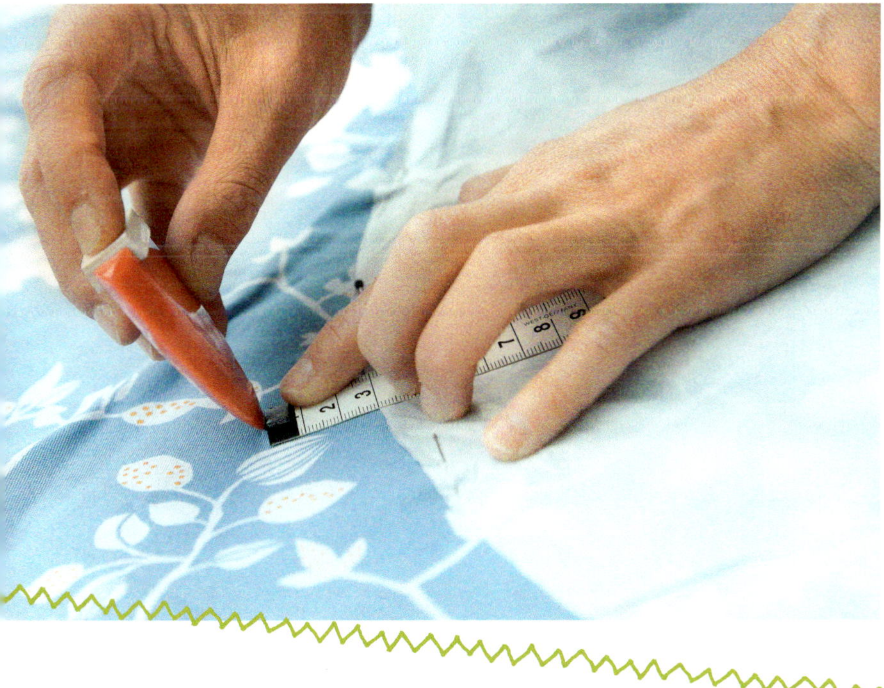

Das Kreiderad oder ein Stück Schneiderkreide nimmt man zum Anzeichnen der Nahtzugaben

Baumwollstoff gibt es in unterschiedlichen Stoffqualitäten und vielfältigen Designs. Oft fällt die Auswahl schwer.

Mit der Schneiderschere lässt sich Stoff ganz leicht zuschneiden.

Fadenlauf übereinstimmen muss. Der Zuschnitt im richtigen Fadenlauf ist sehr wichtig für einen optimalen Fall des Kleidungsstücks am Körper.

Die Schnitte sind meist ohne **Nahtzugabe** auf dem Schnittmusterbogen abgedruckt. Die Nahtzugabe sorgt dafür, dass eine Naht ausreichend Platz zum Stoffrand hat. Dieser Platz kann dann bei eventuellen Änderungen für eine Nahtkorrektur genutzt werden. In den Anleitungen finden Sie die jeweils benötigten Zugaben, die Sie vor dem Zuschnitt des Stoffes auf dem Stoff markieren müssen. Wenn die Naht- und Saumzugaben in einer Anleitung unterschiedlich sind, sollten Sie zur Sicherheit vor dem Zuschneiden die zugehörigen Zugaben auf dem Papierschnitt am Rand der Schnittteile notieren. Um Nahtzugaben auf dem Stoff anzuzeichnen, eignet sich sehr gut ein **Parallelkopierrad**. Das dort enthaltene **Kreiderad** können Sie auch benutzen, um Abnäher oder Stepplinien zu kennzeichnen. Zusammen mit einem **Maßband** lässt es sich zum Markieren von größeren Saumzugaben verwenden.

Ein **Dampfbügeleisen** vereinfacht zusammen mit **Bügelbrett** und **Armbügelbrett** das Nähen. Machen Sie zuerst immer eine Bügelprobe auf einem Stoffrest. Eventuell ist ein **Bügeltuch** erforderlich, falls der Stoff auf das Bügeln empfindlich reagiert. Falls nötig, lässt sich Wachstuch meist von links, gelegentlich von rechts mit dazwischen gelegtem **Packpapier** und bei geringer Hitze ohne Dampf bügeln. Auch hier sollten Sie zuerst auf einem Reststück probebügeln. Man bügelt jedoch nicht nur Stoffe glatt und Nahtzugaben auseinander. Man kann das Bügeleisen auch zum Säumen nutzen. Hierbei wird die Saumkante vor dem Steppen mit Stecknadeln markiert und die Saumzugabe mit dem Bügeleisen umgebügelt. Stellen Sie aber die Dampffunktion Ihres Bügeleisens vorher aus, sonst wird es an den Fingern schnell zu warm.

Ein Saum besteht aus **Umschlag** bzw. **Einschlag**. Das heißt, Sie klappen die gesamte Saumzugabe zuerst um, dann schlagen Sie die Stoffkante der Saumzugabe etwa nahtbreit nach innen ein. Dadurch ist der Stoff doppelt eingeschlagen, die Saumkante wird beidseitig von Stoff umhüllt und muss nicht versäubert werden. Die Steppnaht lässt sich nun ganz leicht mit Hilfe von Nähfuß und Stichverlagerung entlang der Bügelkante führen.

Beim **Verstürzen**, d.h. wenn man die rechte Stoffseite nach außen wendet, sind je nach Größe des zu verstürzenden Teils **Sicherheitsnadel**, **Stricknadel**, **Kochlöffel** oder **Besenstiel** hilfreich. Auch hier können Sie anschließend wieder die verstürzten Nahtkanten mit dem Bügeleisen glätten.

Das Material

Für viele Projekte ist **Baumwollstoff** sehr gut geeignet. Denn dieser lässt sich problemlos mit 60 °C in der Waschmaschine waschen. Denken Sie daran, dass der Stoff schon vor dem Zuschnitt einmal gewaschen werden muss, denn er schrumpft meist mit der ersten Wäsche ein wenig. In den Angaben zur Stoffmenge ist bei den Anleitungen ein Schrumpfen des Stoffes um ca. 6 % berücksichtigt. Vielleicht schrumpft Ihr Stoff weniger und Sie haben nach dem Zuschnitt noch Stoff übrig. Ärgern Sie sich nicht, sondern verwenden die Reste für Kleinigkeiten wie die Spielblüten oder einen Unkrautbeutel. Falls Sie aber einen Stoff mit Rapport ausgewählt haben, d.h. wenn das Muster nur in eine Richtung verläuft, kann es sein, dass Sie mehr Stoff benötigen als angegeben. Am besten nehmen Sie Ihren Schnitt zum Einkaufen mit.

Wachstuch gibt es in verschiedenen Ausführungen. Die abwaschbare Beschichtung ist auf einen rückseitigen Träger aufgebracht. Dieser kann aus Gewebe oder Vlies bestehen. Eine Rückseite aus Vlies ist meist günstiger. Wachstuch muss sehr vorsichtig behandelt werden. Einmal entstandene Knicke und Falten sind meist für immer sichtbar, genauso wie die Löcher einer aufgetrennten Naht.

Zu Stoff und Wachstuch passendes **Nähgarn** macht die Nähte weniger auffällig. Achten Sie darauf, dass Sie nur Nähgarn aus Polyester verwenden. Nähgarn aus Baumwolle schrumpft beim Waschen und kann dadurch für böse Überraschungen sorgen.

Bevor Sie beginnen

Nähen braucht Zeit. Fehler dabei sind lästig und nur mit viel Aufwand oder kaum auszubessern. Lesen Sie daher die Anleitung zu Beginn von Anfang bis Ende komplett durch.

Falls Sie wegen der Passform unsicher sind, empfiehlt es sich, zuerst ein Muster aus einem nicht dehnbaren Material zu nähen. Nesselstoff ist hierfür geeignet, aber auch alte Bettwäsche aus Baumwolle lässt sich prima verarbeiten. Und wenn Sie z. B. noch nie einen Reißverschluss eingenäht haben, probieren Sie dieses Detail am besten zuerst an einem Musterstück. Mit ein bisschen Übung klappt es dann problemlos am Original.

Achten Sie beim Nähen mit der Maschine oder von Hand auf ihre Finger. Ein kleiner Piks tut zwar nicht weh, es empfiehlt sich dennoch schnell ein Pflaster zu suchen, damit kein Bluttröpfchen den Stoff ruiniert.

Gartenkleidung

Bekleidung für den Garten ist praktisch und bequem –

und soll natürlich auch schick sein.

Gestalten Sie nicht nur den Garten nach Ihren Wünschen.

Blühen Sie mit Ihren Blumen um die Wette.

Wickelkleid

Ein Sommertag. Der Garten erwacht. Vögel zwitschern und frühes Sonnenlicht lässt die Beete satt strahlen. Ein ganz besonderer Moment für die Gartenarbeit. Mit dem Wickelkleid sind Sie in Windeseile angezogen. An Dekolleté und Armen erlauben die Ausschnitte keine unerwünschten Einblicke. Und die Gartenschere ist in einer extra Scherentasche immer dabei.

1_ Auf der linken Stoffseite des Rückenteils beide Abnäher steppen und zur Mitte bügeln. An den Vorderteilen die Nahtzugabe der vorderen Saumkanten doppelt einschlagen und feststeppen, dabei die Innenecke einschneiden.

2_ Jeweils zwei Stoffteile für den Bindegürtel rechts auf rechts legen und ringsum bis zu den Schlitzzeichen an einem Ende steppen. Die Nahtzugaben der Ecken am geschlossenen Ende etwas einkürzen. Verstürzen und am offenen Ende die Nahtzugaben nach innen einschlagen. Damit das Vorderteil beidseitig an der Ansatzlinie wie im Schnitt eingezeichnet umfassen. Den Bindegürtel auf dem Vorderteil schmalkantig feststeppen, dabei die Nahtzugaben mitfassen und in einer durchgängigen Naht auch den restlichen Gürtel absteppen.

3_ Nun die Vorderteile rechts auf rechts auf das Rückenteil legen und die Schulternähte steppen. Die Nahtzugabe des rückwärtigen Halsausschnittes nach innen umschlagen und feststeppen. Die Seitennähte steppen, dabei auf der linken Seite den Durchzug für den Bindegürtel wie im Schnitt eingezeichnet offen lassen. Den Schlitz schmalkantig absteppen, die Nahtzugabe dabei mitfassen. Die Nahtzugabe der Armausschnitte nach innen umschlagen und feststeppen.

Material

Das brauchen Sie

- **Wickelkleid**
  leichten Baumwollstoff,
  190 × 150 cm
- **Bindeband und Taschen**
  leichten Baumwollstoff,
  50 × 150 cm
- dazu passendes Nähgarn

So schneiden Sie zu

Teile 1–5 auf dem Schnittbogen

- Vorderteil (2 ×)
- Rückenteil im Stoffbruch (1 ×)
- Tasche (1 ×)
- Scherentasche (1 ×)
- Bindegürtel im Stoffbruch (4 ×)

Nahtzugabe 1,5 cm
vordere und untere
Saumzugabe 2,5 cm

Schwierigkeitsgrad

4_ Bei der Tasche und der Scherentasche die seitlichen und unteren Nahtzugaben nach innen, zur linken Stoffseite hin umschlagen. Die Nahtzugabe der oberen Taschenkanten doppelt einschlagen und steppen; dabei die Nahtzugabe mitfassen. Die Scherentasche wie im Schnitt eingezeichnet links auf rechts auf der Tasche schmalkantig feststeppen. Danach die Tasche wie im Schnitt eingezeichnet ebenso links auf rechts auf dem linken Vorderteil schmalkantig feststeppen; dabei auch in der Naht der oberen Taschenkante bis zur Scherentasche steppen.

5_ Zum Abschluss noch am unteren Saum die Saumzugabe doppelt einschlagen und feststeppen.

Tipp

Mit dem Wickelkleid können Sie ungehindert im Garten hantieren und machen dabei eine gute Figur. Allerdings könnte bei einer etwas größeren Oberweite der Ausschnitt des Wickelkleids leicht aufstehen und so ungewollte Einblicke gewähren. Mit Hilfe eines kleinen Annähdruckknopfs ist dieses Problem im Nu gelöst.

Die Handschere findet in einer speziellen Scherentasche ihren Platz. Sie wird auf die große Tasche aufgenäht.

Gartenhose

Nichts geht über eine praktische Gartenhose. In den Taschen kann man griffbereit viel Werkzeug verstauen. Das ist besonders erfreulich, wenn man 2 Meter über dem Boden auf der Leiter steht und alle Utensilien körpernah bei sich tragen kann. Genauso wichtig aber auch ist der Knieschutz. Das Kniepolster lässt sich vor bodennahen Arbeiten ganz einfach von außen in die Gartenhose schieben.

1_ Zuerst auf der linken Stoffseite die Abnäher im Rückenteil steppen und zur Mitte bügeln. Ebenso die Abnäher im Vorderteil von rechts steppen (die Abnäher liegen dann in der Kniepolstertasche) und nach unten bügeln.

2_ Die untere und die obere Kniepolstertasche rechts auf rechts aneinandersteppen, die Nahtzugabe nach unten bügeln und schmalkantig absteppen. Am oberen Tascheneingriffsaum 1 cm der Nahtzugabe umschlagen, erneut um 2,5 cm einschlagen. Das Haken-Klettband links mittig auf dem Umschlag platzieren und den Umschlag oben und unten schmalkantig feststeppen, dabei das Haken-Klettband mitfassen. Die Kniepolstertasche an der Ansatzlinie rechts auf rechts gegengleich auf das Vorderteil steppen, nach oben wenden und schmalkantig absteppen. Das Flausch-Klettband auf dem Vorderteil gegengleich zum Haken-Klettband mittig feststeppen. Den Umschlag links und rechts bis zum Klettband in den bereits vorhandenen Nähten auf dem Vorderteil feststeppen. Bei den übrigen Taschen den Umschlag am Tascheneingriff ohne Klettband nach dem gleichen Prinzip fertigen und die Nahtzugaben einschlagen.

3_ Die äußeren Seitennähte der jeweiligen Hosenbeine rechts auf rechts steppen und die Nahtzugaben auseinanderbügeln. Die Taschen wie im Schnitt eingezeichnet, die Meterstabtasche am linken und die Scherentasche am rechten Bein, auf der Gartenhose schmalkantig feststeppen. Nun jeweils die inneren Beinnähte steppen. Die Hosenbeine rechts auf rechts ineinander

Material

Das brauchen Sie

- **Hosenbeine, vordere und hintere Taschen, obere Kniepolstertasche, Scheren- und Meterstabtasche**
  kräftigen Baumwollstoff
  160 × 150 cm (Größe S)
  165 × 150 cm (Größe M)
  170 × 150 cm (Größe L)
- **untere Kniepolstertasche, Bund, Reißverschlussuntertritt und Gürtelschlaufen**
  kräftigen Baumwollstoff,
  40 × 150 cm
- Flausch-Klettband, 18 × 2 cm (2 ×)
- Haken-Klettband, 18 × 2 cm (2 ×)
- Miederband, 12 × 3 cm (2 ×)
- Reißverschluss, 16 cm lang
- Nähfrei-Druckknopf, ∅ 15 mm
- 1 Paar Kniepolster, ca. 16 × 24 cm
- dazu passendes Nähgarn

So schneiden Sie zu

Teile 6–15 auf dem Schnittbogen

- Vorderteil (2 ×)
- Rückenteil (2 ×)
- vordere bzw. hintere Tasche (4 ×)
- obere Kniepolstertasche (2 ×)
- Meterstabtasche (1 ×)
- Scherentasche (1 ×)
- untere Kniepolstertasche (2 ×)
- Bund (1 ×)
- Reißverschlussuntertritt (1 ×)
- Gürtelschlaufen (inklusive Nahtzugabe) (1 ×)

Nahtzugabe 1,5 cm
obere Tascheneingriff- und
untere Saumzugabe 3,5 cm

Schwierigkeitsgrad

ziehen und die rückwärtige und die vordere Mittelnaht bis zum Reißverschlussschlitzzeichen steppen.

4_ Am Vorderteil den rechten Reißverschlussbesatz an der vorderen Mitte nach innen umschlagen und heften. Den linken Besatz 1 cm rechts der vorderen Mitte nach innen umschlagen, den Reißverschluss hinter die Besatzkante heften und linksseitig schmalkantig feststeppen. Den Reißverschlussschlitz Mitte auf Mitte legen und mit Stecknadeln schließen. Den Reißverschluss von links auf dem rechten Besatz schmalkantig feststeppen. Auf dem rechten Vorderteil von rechts den Besatz wie auf dem Schnitt eingezeichnet feststeppen. Den Reißverschlussuntertritt längs rechts auf rechts falten und die untere Kante steppen. Die Nahtzugabe der Ecke etwas einkürzen und das Teil verstürzen. Den Untertritt mit der offenen Seite an den linken Reißverschlussbesatz steppen, dabei die untere Kante etwas überstehen lassen. Den Besatz unten auf den Übertritt steppen.

5_ Nun den Bund rechts auf rechts an das Vorderteil steppen, längs falten, die Bundenden steppen, die oberen Ecken etwas einkürzen und verstürzen. Die Nahtzugaben nach innen einschlagen, den Bund mit Stecknadeln feststecken. Das Miederband in den Bund einlegen, 10 cm von der Seitennaht nach vorne gemessen feststecken. Das Miederband dehnen und das andere Ende 6 cm von der Seitennaht gemessen nach hinten feststecken. Den Bund von rechts am Bundansatz an den vorderen Kanten und an der oberen Kante schmalkantig absteppen, dabei die Nahtzugabe mitfassen. Das Miederband an den Enden und gedehnt längs mittig absteppen. Den Gürtelschlaufenstreifen längs rechts auf rechts zusammenlegen, auf 1,8 cm steppen, die Nahtzugabe einkürzen, verstürzen, in 5 Schlaufen zu je 7 cm schneiden, die Enden versäubern. Die Schlaufenenden umschlagen, die Gürtelschlaufe hat jetzt eine Länge von 4,5 cm, und über den senkrechten Stepplinien des Miederbandes und über der rückwärtigen Mittelnaht auf den Bund steppen. Den Druckknopf am Bundüber- und untertritt gemäß Herstelleranleitung einnieten.

6_ Am unteren Saum der Hosenbeine 1 cm der Nahtzugabe nach innen umschlagen, erneut 2,5 cm einschlagen, und den Umschlag schmalkantig oben und unten feststeppen.

Die Kniepolster aus speziellem Schaumstoff können individuell auf das benötigte Maß zugeschnitten werden. Sie werden von außen in die Kniepolstertasche eingeschoben. Ihre Knie werden von diesem angenehmen Schutz begeistert sein.

Gartenschürze

Aussäen, pikieren, umtopfen … Das neue Gartenjahr beginnt. Mit der Gartenschürze haben Sie alle wichtigen Utensilien griffbereit in den großen Taschen und die Handschuhe baumeln mit dem Karabiner an ihrer Schlaufe. Und weil das alles so praktisch ist, wird die Gartenschürze Ihr Begleiter auch für den Rest des Jahres. Ganz bestimmt.

1_ Beim Schürzenteil die Säume von Armausschnitt, Halsausschnitt und beiden Seiten einschlagen und feststeppen. Bei der kleinen Tasche den oberen Saum doppelt einschlagen und feststeppen. Die Nahtzugaben der kleinen Tasche seitlich und unten umschlagen und diese dann wie auf dem Schnitt eingezeichnet auf dem Schürzenteil feststeppen.

2_ Die Schlaufe für den Handschuhkarabiner längs rechts auf rechts zusammenlegen und steppen. Die Schlaufe verstürzen, schmalkantig absteppen und dabei die Nahtzugabe mitfassen. Schließlich zur Schlaufe zusammenlegen.

3_ Für den oberen Eingriff der Schürzentasche zuerst die Nahtzugabe, dann den Umschlag auf rechts einschlagen. Die Handschuhkarabinerschlaufe wie im Schnitt eingezeichnet in den Umschlag einschieben. Knapp an der Umschlagkante entlang feststeppen, dabei die Schlaufe mitfassen. Die seitlichen Nahtzugaben der Schürzentasche umschlagen. Die Schürzentasche mit der rechten Seite auf das linke Schürzenteil legen, die untere Kante steppen, dabei die äußeren Taschen einhalten. Die Nahtzugaben etwas einkürzen, die Schürzentasche auf rechts wenden und auf das Schürzenteil steppen. Die Seiten der Schürzentasche auf dem Schürzenteil und die Taschen wie im Schnitt eingezeichnet ebenso feststeppen.

Material

Das brauchen Sie

- **Schürze**
  kräftigen Baumwollstoff, 75 × 150 cm
- **Taschen, Bindegürtel und Nackenband**
  kräftigen Baumwollstoff, 40 × 150 cm
- dazu passendes Nähgarn

So schneiden Sie zu

Teile 6–21 auf dem Schnittbogen

- Schürzenteil (1 ×)
- Handschuhkarabinerschlaufe (1 ×)
- Schürzentasche (1 ×)
- kleine Tasche (1 ×)
- Bindegürtel (2 ×)
- Nackenband (1 ×)

Nahtzugabe 1,5 cm
Saumzugabe 2,5 cm

Schwierigkeitsgrad

4_ Die Bindegürtel und das Nackenband jeweils längs rechts auf rechts zusammenlegen, an der langen und einer schmalen Seite steppen, verstürzen und die Nahtzugaben des offenen Endes nach innen einschlagen. Das offene Ende mit einer Steppnaht schließen, dabei die Nahtzugabe mitfassen. Nun noch längs der gefalteten Seite schmalkantig steppen. Die Bindegürtel wie im Schnitt eingezeichnet auf das Schürzenteil steppen. Das Nackenband am oberen Halsausschnitt individuell anpassen und von links auf den Schürzenlatz steppen.

Tipp

Die Bindegürtel und das Nackenband können Sie individuell an Ihre Größe anpassen. Dementsprechend müssten Sie beim Zuschnitt etwas Länge zugeben bzw. kürzen. Für die Schürzentaschen nehmen Sie am besten einfarbigen Stoff, der auch eine schöne Rückseite hat. Der obere Umschlag der großen Schürzentaschen wird nach außen umgeschlagen, damit die Handschuhkarabinerschlaufe darin mit angenäht werden kann. Daher wird die linke Stoffseite sichtbar.

In den großen Schürzentaschen tragen Sie Ihre Utensilien griffbereit bei sich. Der Schürzenlatz bewahrt das Darunter vor Erde und Schmutz.

Hosenrock

Hose? Oder doch lieber Rock? Warum nicht Hosenrock? Dieser Hosenrock vereint beider Vorteile. Er ist luftig, bequem und erlaubt alle Arbeitshaltungen ohne Einblicke zu gewähren. In seiner Kängurutasche ist allerhand Platz. Die Handschuhe mit dem Karabiner finden ihre Schlaufe an der Seite. Der Reißverschluss ist schnell eingenäht und trägt nicht auf.

1_ Zuerst jeweils zwei Hosenrockteile rechts auf rechts aufeinander legen und die äußeren Seitennähte steppen, bei der Seitennaht des linken Hosenbeins bis zum Schlitzzeichen für den Reißverschluss steppen. Die Nahtzugaben beim Reißverschlussschlitz nach innen bügeln und den Reißverschluss knappkantig einnähen. Nun jeweils die inneren Beinnähte steppen. Die Hosenbeine rechts auf rechts ineinander ziehen und die Mittelnaht steppen.

2_ Am unteren Bogen der Kängurutasche die Nahtzugabe nach innen bügeln und heften. Die Nahtzugabe der Tascheneingriffe doppelt nach innen einschlagen und schmalkantig feststeppen, dabei die Nahtzugabe mitfassen. Die Kängurutasche mittig auf das Hosenrockvorderteil stecken. Auf den Nahtzugaben von Vorderteil und Kängurutasche eine Hilfsnaht steppen. Den unteren Taschenbogen der Kängurutasche schmalkantig auf den Hosenrock steppen.

3_ Nun die Schlaufe für den Handschuhkarabiner längs rechts auf rechts zusammenlegen, steppen und verstürzen. Danach schmalkantig absteppen und dabei die Nahtzugabe mitfassen. Zur Schlaufe zusammenlegen.

4_ Den Bund rechts auf rechts an die obere Hosenrockkante steppen, dabei den Übertritt beidseitig der Reißverschlussschlitzkanten überstehen lassen und die

Material

Das brauchen Sie

- kräftigen Baumwollstoff, 130 × 150 cm
- Reißverschluss, 18 cm lang
- Nähfrei-Druckknopf, Ø 15 mm
- dazu passendes Nähgarn

So schneiden Sie zu

Teile 22–24 und 17 auf dem Schnittbogen

- Hosenrockteil (4 ×)
- Kängurutasche (1 ×)
- Bund (1 ×)
- Handschuhkarabinerschlaufe (1 ×)

Nahtzugabe 1,5 cm
Saumzugabe 2,5 cm

Schwierigkeitsgrad

III

Es sieht zwar aus wie ein Rock, ist aber eigentlich eine Hose mit weitem Bein. Das ermöglicht viel Bewegungsfreiheit.

Handschuhkarabinerschlaufe an der rechten Seitennaht einschieben und mitfassen. Den Bund längs rechts auf rechts legen. Den Übertritt steppen, versturzen, dabei die Nahtzugaben der Ecken etwas einkürzen. Die Nahtzugaben des Bundes nach innen einschlagen. Den Bund schmalkantig von rechts absteppen, dabei die Nahtzugaben mitfassen.

5_ Die Saumzugabe der Hosenbeine doppelt einschlagen und feststeppen. Den Druckknopf am Bundübertritt gemäß Herstelleranleitung einnieten.

Herrenarbeitshemd

Mit dem Arbeitshemd macht die Rasenpflege gleich doppelt Spaß. Ohne Knöpfe, dafür mit großer Vordertasche, luftig, bequem und schnell übergezogen. Und das den lieben Männern oft so lästige Shoppen fällt beim Selbernähen (lassen) auch weg. Da bleibt gleich mehr Zeit fürs Mähen, Vertikutieren, Düngen, Sprengen, Kantenschneiden, Kalken, Unkrautstechen, ...

1_ Zuerst das Vorderteil rechts auf rechts auf das Rückenteil legen und die Schulternähte steppen. Dann die Schulternähte der Besätze für vorderen und rückwärtigen Halsausschnitt steppen. Die Besätze rechts auf rechts auf den Ausschnitt steppen. Die Nahtzugabe am rückwärtigen Halsausschnitt mehrmals senkrecht bis knapp zur Naht hin einschneiden. Die Nahtzugaben der vorderen Ausschnittecke bis knapp zur Naht hin einkürzen. Die Nahtzugabe des vorderen Ausschnitts bis knapp zum Schlitzzeichen einschneiden. Den Besatz verstürzen und schmalkantig absteppen. Die Nahtzugabe einschlagen und mit 2 cm Abstand zur Ausschnittkante feststeppen, dabei die Nahtzugabe mitfassen.

2_ Nun die Seitennähte des Hemdes steppen, die Ärmel jeweils rechts auf rechts legen und die Ärmelnähte steppen. Danach die Ärmel einsetzen und steppen. Für den Saum 1 cm der Nahtzugabe nach innen umschlagen, nochmals um 2,5 cm einschlagen und mit 2 cm Abstand zur Saumkante feststeppen, dabei die Nahtzugabe mitfassen. Bei den Ärmelsäumen ebenso verfahren.

3_ Bei der Tasche die Nahtzugaben seitlich und unten umschlagen. Für den oberen Tascheneingriff 1 cm der Tascheneingriffzugabe umschlagen, nochmals um 2,5 cm einschlagen und mit 2 cm Abstand zur oberen Kante feststeppen, dabei die Nahtzugabe mitfassen. Die Tasche wie im Schnitt eingezeichnet schmalkantig auf dem Arbeitshemd feststeppen. Als Abtrennung für die Gartenschere wie im Schnitt eingezeichnet jeweils rechts und links eine senkrechte Naht steppen.

Material

Das brauchen Sie

- leichten Baumwollstoff, 180 × 150 cm
- dazu passendes Nähgarn

So schneiden Sie zu

Teile 25–30 auf dem Schnittbogen

- Vorderteil im Stoffbruch (1 ×)
- Rückenteil im Stoffbruch (1 ×)
- Ärmel (2 ×)
- vorderer Halsausschnittbesatz im Stoffbruch (1 ×)
- rückwärtiger Halsausschnittbesatz im Stoffbruch (1 ×)
- Tasche (1 ×)

Nahtzugabe 1,5 cm
Tascheneingriff- und Saumzugabe 3,5 cm

Schwierigkeitsgrad

Herrenweste

Eine Weste für den Mann im Garten mit Tendenz zum Lieblingsstück. Sie bietet Schutz bei allen anfallenden Arbeiten und gleichzeitig viel Bewegungsfreiheit. Mit praktischen Druckknöpfen und ausreichend Taschen, auch für die Gartenschere. Als kleines Detail hebt sich die Schlaufe für den Handschuhkarabiner neckisch ab.

1_ Die Vorderteile rechts auf rechts auf das Rückenteil legen und die beiden Seitennähte sowie die Schulternähte steppen. Dann die Schulternähte der Besätze für vorderen und rückwärtigen Halsausschnitt steppen. Die Besätze rechts auf rechts auf den Ausschnitt steppen. Die Nahtzugabe am rückwärtigen Halsausschnitt mehrmals senkrecht bis knapp zur Naht hin einschneiden. Die Nahtzugabe der V-Ausschnittecke bis knapp zur Naht hin einkürzen. Den Besatz verstürzen, die Nahtzugabe einschlagen und mit 2 cm Abstand zur Ausschnittkante feststeppen, dabei die Nahtzugabe mitfassen. Bei den Besätzen der Armausschnitte ebenso verfahren.

2_ Für den Saum 1 cm der Nahtzugabe nach innen umschlagen, nochmals um 2,5 cm einschlagen und mit 2 cm Abstand zur Saumkante feststeppen, dabei die Nahtzugabe mitfassen. Die Schlaufe für den Handschuhkarabiner längs zusammenlegen, steppen, die Nahtzugabe etwas einkürzen und verstürzen. Zur Schlaufe zusammenlegen.

Material

Das brauchen Sie

- **Weste**
  kräftigen Baumwollstoff,
  160 × 150 cm
- **große Taschen und Handschuhkarabinerschlaufe**
  kräftigen Baumwollstoff,
  25 × 150 cm
  5 Nähfrei-Druckknöpfe,
  ∅ 15 cm
- dazu passendes Nähgarn

So schneiden Sie zu

Teile 31–38 und 17 auf dem Schnittbogen

- Vorderteil (2 ×)
- Rückenteil im Stoffbruch (1 ×)
- kleine Tasche (2 ×)
- vorderen Halsausschnittbesatz (2 ×)
- vorderen Armausschnittbesatz (2 ×)
- rückwärtigen Halsausschnittbesatz (1 ×)
- rückwärtigen Armausschnittbesatz (2 ×)
- große Tasche (2 ×)
- Handschuhkarabinerschlaufe (1 ×)

Nahtzugabe 1,5 cm
Tascheneingriff- und Saumzugabe 3,5 cm

Schwierigkeitsgrad

3_ Bei den Taschen die Nahtzugaben seitlich und unten umschlagen. Für die Tascheneingriffkante 1 cm der Tascheneingriffzugabe umschlagen, nochmals um 2,5 cm einschlagen und mit 2 cm Abstand zur oberen Kante feststeppen, dabei die Nahtzugabe mitfassen. Die Nahtzugabe der Handschuhkarabinerschlaufe in den äußeren Umschlag der rechten großen Tasche einschieben. Die Taschen wie im Schnitt eingezeichnet schmalkantig auf der Weste feststeppen. Als Abtrennung für die Gartenschere bei den großen Taschen mit 10 cm Abstand zur Außenkante wie im Schnitt eingezeichnet eine senkrechte Naht steppen.

4_ Die Druckknöpfe gleichmäßig auf dem vorderen Besatz verteilen und gemäß Herstelleranleitung einnieten.

Die Weste wird mit Druckknöpfen verschlossen. In den Taschen gibt es viel Platz für die Schere und andere Gerätschaften.

Hüftwärmer

Erfreulicherweise gibt es im Garten immer etwas zu tun. Bei schönem Wetter kann jeder gärtnern. An den kalten Tagen zeigen sich draußen jedoch die wahren Gartenfans. Und die genießen die frische Luft und die Bewegung – und den heißen Tee danach. Bis dahin sorgt der Hüftwärmer für den Schutz vor niedrigen Temperaturen.

1_ Alle Abnäher steppen und zur Mitte hin bügeln. Das linke und rechte Vorderteil aus Fleece seitlich an das Fleece-Rückenteil nähen. Für das Innenfutter aus Baumwollstoff die Teile gegengleich zusammennähen. Beide Teile nun rechts auf rechts zusammenlegen, ringsum bis auf eine kleine Öffnung steppen, die Nahtzugaben der Ecken etwas einkürzen, verstürzen, die Öffnung von Hand schließen. Ringsum mit ca. 1 cm Abstand zum Rand absteppen.

2_ Die Tasche rechts auf rechts im Stoffbruch zusammenlegen, ringsum bis auf eine kleine Öffnung steppen, die Nahtzugaben der runden Ecken senkrecht zur Naht mehrmals einschneiden, verstürzen, die Öffnung von Hand zunähen. Am oberen Eingriff mit ca. 1 cm zum Rand absteppen. Die Tasche wie im Schnitt eingezeichnet auf dem linken Vorderteil schmalkantig feststeppen.

3_ Die Druckknöpfe am rechten oberen Rand der Vorderteile gemäß Herstelleranleitung einnieten.

Tipp

Anstelle der Druckknöpfe können Sie auch Klettband nehmen. Verwenden Sie am besten ein Stück mit 5 cm Länge und 2 cm Breite und nähen es knappkantig auf.

Material

Das brauchen Sie

- **Hüftwärmer**
  Fleecestoff, 35 × 150 cm
- **Innenfutter und Außentaschen**
  leichten Baumwollstoff, 75 × 150 cm
- 2 Nähfrei-Druckknöpfe, Ø 15 mm
- dazu passendes Nähgarn

So schneiden Sie zu

Teile 39–42 auf dem Schnittbogen

- **Fleece- & Baumwollstoff**
  linkes Vorderteil im Stoffbruch (je 1 ×)
  rechtes Vorderteil (je 1 ×)
  Rückenteil im Stoffbruch (je 1 ×)
- **Baumwollstoff**
  Tasche im Stoffbruch (1 ×)

Nahtzugabe 1,5 cm

Schwierigkeitsgrad

Steckschal

Passend zum Hüftwärmer schmiegt sich der Steckschal um Ihren Hals. Durch den vorderen Schlitz kann eine Schalhälfte rutschsicher durchgezogen werden. Die integrierten Taschen bieten Platz für allerlei Kleinigkeiten. Mit diesem Schal gehen Sie nicht nur durch den Garten, sondern bestimmt auch gelegentlich durch das Gartentörchen hinaus …

1_ Für den Steckschlitz die beiden Schalteile rechts auf rechts legen und wie im Schnitt eingezeichnet ringsum steppen. Den Steckschlitz innerhalb der Naht mit einem mittigen Schnitt, zu den Ecken hin V-förmig aufschneiden. Eine Schalhälfte durch den Steckschlitz auf rechts wenden. Nun liegen beide Schalhälften links aufeinander. Um den Steckschlitz knappkantig absteppen.

2_ Die Taschen jeweils im Stoffbruch links auf links zusammenlegen und am oberen Eingriff mit ca. 1 cm zum Rand absteppen.

3_ Beide Schalhälften und dazwischen die Taschen rechts auf rechts zusammenlegen und bis auf eine beiderseitige ca. 30 cm lange Öffnung in Höhe des Steckschlitzes beide Schalenden steppen. Die Nahtzugaben der Ecken etwas einkürzen, die Schalenden verstürzen. Die Öffnungen von Hand vernähen. Um den ganzen Steckschal mit ca. 1 cm Abstand zum Rand steppen.

Material

Das brauchen Sie

- Fleecestoff, 25 × 150 cm
- leichten Baumwollstoff, 45 × 150 cm
- dazu passendes Nähgarn

So schneiden Sie zu

Teile 43–44 auf dem Schnittbogen

- **Fleece- & Baumwollstoff**
  Steckschal (je 1 ×)
- **Baumwollstoff**
  Taschen im Stoffbruch (2 ×)

Nahtzugabe 1,5 cm

Schwierigkeitsgrad

Kopftuch

Seit jeher ist auf dem Land ein Kopftuch die traditionelle Kopfbedeckung bei der Gartenarbeit. Ein alter Bauerngarten ist jedoch keine Voraussetzung fürs Kopftuchtragen! Moderne Gärtnerinnen tragen die zeitgemäße Version und genießen den Schutz bei Wind und Wetter. Die Haare bleiben da, wo sie hingehören und fallen nicht ins Gesicht. Und nichts fällt in die Haare.

1_ Die Nahtzugabe zuerst an der langen Seite doppelt einschlagen, dann an den kurzen Seiten. An den spitzen Ecken die Nahtzugabe durch einen geraden Schnitt etwas einkürzen. Ringsum schmalkantig absteppen.

Tipp

Verwenden Sie weich fallenden Stoff. Dieser schmiegt sich besonders gut an den Kopf. Oder Sie verwerten den noch schönen Stoff eines ausgedienten Kleidungsstücks sinnvoll weiter.

Material

Das brauchen Sie

- leichten Baumwollstoff, 45 × 140 cm
- dazu passendes Nähgarn

So schneiden Sie zu

Teil 45 auf dem Schnittbogen

- Kopftuch (1 ×)

Nahtzugabe 1,5 cm

Schwierigkeitsgrad

Accessoires

Kleine oder größere Helferlein aus Stoff, Jute, Klettband oder Wachstuch

unterstützen Sie bei Ihrer Gartenpflege und bringen Farbe hinein.

Da fällt die Arbeit besonders leicht.

Gürteltasche

Ein Garten lehrt uns flexibel zu bleiben. Denn nicht nur das Wetter macht, was es will. Die Pflanzen entwickeln gleichermaßen ihre eigene Dynamik. Entweder sie wachsen wunderbar oder sie ziehen es vor, sich zu verabschieden. Flexibles Gärtnern erlaubt auch die Gürteltasche. Darin trägt man wichtiges Werkzeug einfach mit sich. Und durch den Verschluss lässt sich die Gürtellänge ganz flexibel an wetterbedingte Kleidung und jahreszeitliche Figur anpassen.

1_ Beim Taschenoberteil die Tascheneingriffzugabe doppelt nach links einschlagen und steppen. Beim Taschenunterteil die seitliche Saumzugabe doppelt nach links einschlagen und steppen.

2_ Bei dem Taschenoberteil von den Seiten gemessen bei jeweils 19 cm inklusive Nahtzugabe die vertikale Stepplinie markieren. An der unteren Kante rechts und links von der Markierung mit je 2 cm Abstand den Stoff in eine Falte und zur Markierung hin legen. Die Falten mit einer Hilfsnaht auf der Nahtzugabe fixieren. Die seitlichen Nahtzugaben nach innen einschlagen und feststecken. Das Taschenoberteil rechts auf links auf das Taschenunterteil legen und die untere Kante steppen. Das Taschenoberteil nach rechts hochschlagen und auf dem Taschenunterteil seitlich und unten füßchenbreit feststeppen. Auf den markierten vertikalen Stepplinien das Taschenoberteil auf dem Taschenunterteil feststeppen.

Material

Das brauchen Sie

- 65 cm kräftigen Baumwollstoff (150 cm breit)
- dazu passendes Nähgarn
- 1 Latzhosengarnitur

So schneiden Sie zu

- Rechteck 48 x 21 cm für das Taschenunterteil
- Rechteck 56 x 19 cm für das Taschenoberteil
- Rechteck 100 x 6 cm für den Gürtel

Nahtzugabe 1,0 cm
Tascheneingriffzugabe 2,0 cm bei dem Taschenoberteil
seitliche Saumzugabe 2,0 cm bei dem Taschenunterteil

Schwierigkeitsgrad

3_ Den Gürtel rechts auf rechts an das Taschenunterteil steppen, dabei steht am rechten Gürteltaschenrand die Nahtzugabe und am linken Rand der restliche Gürtel über. Den beidseitigen Überstand rechts auf rechts legen und seitlich bzw. unten absteppen. Die Ecken etwas einkürzen und den Gürtel verstürzen. Nehmen Sie hierbei Kochlöffel und Stricknadel zu Hilfe. Im Bereich der Gürteltasche die Nahtzugabe der noch offenen Gürtelkante nach innen einschlagen und den Gürtel auf dem Gürtelunterteil feststecken. Den kompletten Gürtel von rechts schmalkantig seitlich und unten absteppen, dabei die Gürteluntertasche miterfassen.

4_ Die Latzhosengarnitur gemäß Herstelleranleitung auf der rechten Gürteltaschenseite anbringen.

Tipp

Den Gürtel individuell an Ihren Taillenumfang anpassen. Eventuell beim Zuschnitt etwas Länge zugeben bzw. kürzen. Als Gürtelverschluss eignen sich auch alte Gürtelschließen oder Steckschnallen. Vielleicht können Sie nicht mehr Gebrauchtem hier zu einer neuen Funktion verhelfen. Probieren Sie es einfach.

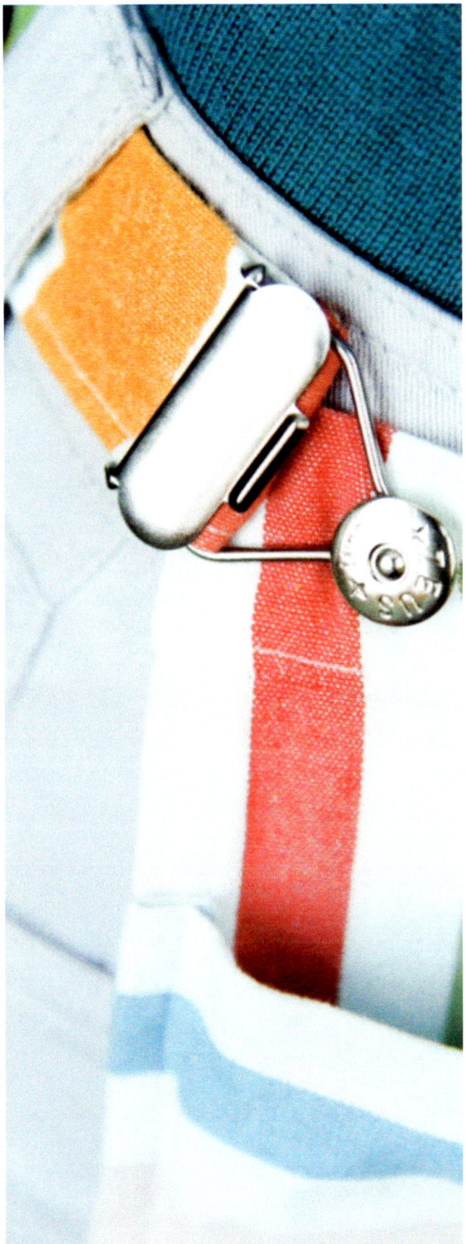

Links: Die Taschen werden durch eine senkrechte Naht aufgesteppt. Durch die eingelegten Falten passt ganz schön viel hinein.

Rechts: Die Gürteltasche lässt sich mit einem Latzhosenverschluss schließen. Dieser erlaubt, den Gürtel ganz einfach enger oder weiter zu stellen.

Handschuhkarabiner

Auch grüne Daumen brauchen hin und wieder Gartenhandschuhe. Dank eines Karabiners und etwas Klettband tragen Sie Ihre Handschuhe jederzeit griffbereit bei sich. Und nach dem Gebrauch sind sie sofort in Wartestellung für den nächsten Einsatz.

1_ Das Klettband mit der Flauschseite nach außen hälftig um den unteren Karabinerring legen. An beiden Seiten und unten schmalkantig absteppen.

2_ Das Haken-Klettband ringsum von außen an die Stulpeninnenseite Ihres Gartenhandschuhs steppen. Beim zweiten Gartenhandschuh wiederholen.

Tipp

Am Karabiner lassen sich nicht nur die Handschuhe aufbewahren. Den Schlüssel fürs Gartentörchen oder den Geräteschuppen haben Sie mit seiner Hilfe ebenfalls immer dabei.

Material

Das brauchen Sie

- 1 Karabiner, 3/4" (8,2 cm lang)
- Flausch-Klettband, 12 × 2 cm
- Haken-Klettband, 2 × 2 cm (2 ×)
- 1 Paar Gartenhandschuhe
- dazu passendes Nähgarn

Schwierigkeitsgrad

Armstulpe

Gartenarbeit hinterlässt leider oft ihre Spuren. Und diese zeigen sich nicht nur unter den Fingernägeln. Auch zarte Haut wird häufig Opfer von Grünzeug, das pikst, brennt oder kratzt. Damit bei T-Shirt-Wetter die Unterarme geschützt sind, helfen Armstulpen. Bei besonders fiesen Dornen und Stacheln steht Ihnen allerdings nur Leder wirklich bei.

1_ Obere und untere Saumkante der Armstulpe mit Elastik-Einfassband einfassen und knappkantig absteppen.

2_ Die Armstulpe an der langen Seite rechts auf rechts aufeinanderlegen und die Seitennaht mit einem leichten Zickzackstich steppen. Dadurch bleibt die Naht dehnbar.

3_ Die Nahtzugabe der Seitennaht auseinander falten. Die Enden des Elastik-Einfassbandes von Hand versäubern und an den Säumen mit ein paar kleinen Stichen festnähen. Die Armstulpe verstürzen.

Tipp

Legen Sie das Elastik-Einfassband vor dem Zuschnitt locker um Ihr Handgelenk und den Unterarm. So passen Sie die Bänder individuell an. Am besten nähen Sie die Bänder mit Heftfaden vor, bevor Sie mit der Nähmaschine steppen.

Material

Das brauchen Sie

- Baumwollstrickstoff, 30 × 80 cm
- Elastik-Einfassband, 90 × 15 mm
- dazu passendes Nähgarn

So schneiden Sie zu

Teil 46 auf dem Schnittbogen

- Armstulpe (2 ×)
- **Elastik-Einfassband** unterer Abschluss, 16,5 cm (2 ×) oberer Abschluss, 23,5 cm (2 ×)

Nahtzugabe an den Seiten 1,5 cm
oberer und unterer Saum keine Nahtzugabe

Schwierigkeitsgrad

Gartenschrank-utensilo

Wer gärtnert, hat Gartenwerkzeug. Wer gerne gärtnert, hat viel Gartenwerkzeug. Dieses praktische Utensilo hilft, den Überblick zu bewahren. Für Staudenspaten, Handschaufel & Co. hat es unterschiedliche Taschengrößen. Und ein Klettband sorgt für die Handschuhparade. Die vielen Ösen stabilisieren das Utensilo bei der Wandbefestigung.

1_ Das Rechteck der Utensilo-Rückwand der Länge nach rechts auf rechts zusammenlegen, an den offenen Seiten ringsum bis auf eine kleine Öffnung steppen. Die Nahtzugaben der Ecken etwas einkürzen, verstürzen und die Öffnung von Hand schließen. Mit einem Randabstand von 3,5 cm erneut ringsum steppen. Die Osen gleichmäßig auf dem Utensilorand verteilen und gemäß Herstelleranleitung einnieten.

2_ Alle oberen Taschenkanten der Utensilotaschen einschlagen und feststeppen. Bei der großen und mittleren Utensilotasche von den Seiten gemessen bei jeweils 14,5 cm, dann alle 15 cm die vertikale Stepplinie markieren, insgesamt 5 ×. An der unteren Kante rechts und links der Markierung mit je 1 cm Abstand den Stoff in eine Falte zur Markierung hin legen. Die seitlichen und unteren Nahtzugaben nach innen einschlagen und die große Utensilo-Tasche links auf rechts mit einem Abstand von 43 cm vom oberen Utensilo-Rückwandrand bis zur unteren Utensilo-Taschenkante auf der Rückwand feststeppen. Auf den markierten vertikalen Stepplinien die Utensilo-Tasche auf der Rückwand absteppen. Mit der mittleren Utensilo-Tasche ebenso verfahren und mit 3,5 cm Abstand vom unteren Rückwandrand zur unteren Taschenkante auf der Rückwand feststeppen.

Material

Das brauchen Sie

- **Utensilo-Rückwand**
  kräftigen Baumwollstoff,
  135 × 150 cm
- **Taschen**
  kräftigen Baumwollstoff,
  55 × 150 cm
- Haken-Klettband, 52 × 2,5 cm und 6 × 2,5 cm
- Flausch-Klettband, 6 × 2,5 cm
- 10 Ösen mit Scheiben, ∅ 14 mm
- dazu passendes Nähgarn

Die Ösen für die Befestigung lassen sich ganz leicht mit einem Hammer in den Stoff einschlagen. Die genaue Vorgehensweise finden Sie in der Herstelleranleitung.

3_ Bei der kleinen Utensilo-Tasche das Flausch-Klettband mittig zentriert entlang des Randes der oberen Taschenkante auf der rechten Stoffseite feststeppen. An der unteren Taschenkante von den Seiten gemessen bei jeweils 3 cm eine Markierung setzen und mit je 1 cm Abstand links und rechts den Stoff in eine Falte zur Markierung hin legen. Die seitlichen und unteren Nahtzugaben nach innen legen und die kleine Utensilo-Tasche links auf rechts mit einem Abstand von 62,5 cm vom unteren Utensilo-Rückwandrand bis zur unteren Utensilo-Taschenkante auf der Rückwand feststeppen. Für die Taschenklappe das Haken-Klettband auf der rechten Seite einer Hälfte feststeppen. Die Taschenklappe rechts auf rechts auf 8,5 × 4,5 cm zusammenlegen und ringsum bis auf eine kleine Öffnung steppen. Dann die Nahtzugaben der Ecken einkürzen, verstürzen, die Öffnung von Hand schließen und ringsum schmalkantig steppen. Die Taschenklappe gegengleich zur kleinen Utensilo-Tasche auf der Rückwand feststeppen.

4_ Die Schlaufe für den Handschuhkarabiner längs rechts auf rechts zusammenlegen, steppen, verstürzen, schmalkantig absteppen und dabei die Nahtzugabe mitfassen. Die Nahtzugaben beider Enden nach innen einschlagen und das Teil zur Schlaufe zusammenlegen. Beide Schlaufenenden etwas nach unten versetzt in Höhe der oberen Taschenkante der kleinen Utensilo-Tasche auf der Rückwand feststeppen. Für die Handschuhparade das Haken-Klettband mit einem Abstand von 6 cm zur unteren Taschenkante der kleinen Utensilo-Tasche auf der Utensilo-Rückwand feststeppen.

So schneiden Sie zu

- Utensilo-Rückwand Rechteck, 144 × 123 cm (1 ×)
- große Utensilo-Tasche Rechteck, 74 × 20 cm (1 ×)
- mittlere Utensilo-Tasche Rechteck, 74 × 17 cm (1 ×)
- kleine Utensilo-Tasche Rechteck, 60 × 11 cm (1 ×)
- Taschenklappe der kleinen Utensilo-Tasche Rechteck, 8,5 × 9 cm (1 ×)
- Handschuhkarabinerschlaufe Rechteck, 16 × 3 cm (1 ×)

Nahtzugabe 1,5 cm
obere Taschenkante 2,5 cm

Schwierigkeitsgrad

Werkzeugrolle

Gärtner unterwegs … zu ihrem Garten. Zum Beispiel das kleine Grundstück außerhalb mit den Obstbäumen. Denn nicht jeder Garten liegt gleich vor der eigenen Haustür. Mit der Werkzeugrolle werden die Handgeräte gut verpackt transportiert. Damit auch alles sicher da ankommt, wo es hin soll. Und der Baumschnitt auf dem Obstgrundstück kann beginnen.

1_ Am Rechteck für die Außenseite an einer der schmalen Seiten 1 cm nach links umschlagen, erneut um 1 cm nach innen einschlagen und füßchenbreit absteppen. Dies ergibt den oberen Saum für die Innentaschen. Diesen Umschlag mit dem Saum so rechts auf rechts hochschlagen, dass beide Rechtecke für Außenseite und Innenseite gleich groß sind.

2_ Nun das Rechteck für die Innenseite rechts auf rechts auf das Rechteck für die Außenseite legen. Der Umschlag für die Innentaschen liegt nun zwischen Innen- und Außenseite. Ringsum füßchenbreit steppen, dabei eine Öffnung von ca. 8 cm an der oberen Kante der Werkzeugrolle offen lassen. Die Ecken etwas einkürzen. Verstürzen. Die Öffnung von Hand schließen. Die Kanten der Werkzeugrolle bügeln und ringsum füßchenbreit absteppen.

3_ Für die Innentaschen von den Außenseiten gemessen mit 13,5 cm Abstand auf dem Umschlag eine senkrechte Naht absteppen, dabei alle Stofflagen der Werkzeugrolle mitfassen. Markieren Sie diese Naht vor dem Steppen mit Schneiderkreide oder Heftfaden und stecken Sie dort den Umschlag auf der Werkzeugrolle mit quer gesteckten Stecknadeln fest. So gelingt Ihnen eine gerade Naht.

4_ Das Bindeband längs rechts auf rechts legen und schmalkantig absteppen. Verstürzen. Die offenen Enden etwas nach innen einschlagen und das Bindeband ringsum schmalkantig steppen. Nun das Band hälftig an die rechte Außenkante der Werkzeugrolle steppen. Dabei mittig in der bereits vorhandenen Naht steppen.

Material

Das brauchen Sie

- kräftigen Baumwollstoff, 55 × 150 cm
- dazu passendes Nähgarn

So schneiden Sie zu

- Außenseite und Umschlag Rechteck, 42 × 47 cm (1 ×)
- Innenseite Rechteck, 42 × 47 cm (1 ×)
- Bindeband Rechteck, 92 × 5 cm (1 ×)

keine Nahtzugabe

Schwierigkeitsgrad

Einkaufstasche

Üben Gärtnereien, Gartencenter und Pflanzenmärkte auf Sie eine unwiderstehliche Anziehungskraft aus? Dann ist diese Einkaufstasche genau das Richtige für Sie! Den Einsatz für die Pflanzentöpfchen bekommen Sie im Gartencenter meist geschenkt. Mit der Einkaufstasche als tragbare Umhüllung wird er zum praktischen Transportmittel für Ihren Pflänzchenkauf.

1_ Für die Einkaufstasche auf der linken Seite des Wachstuches umlaufend mit Bleistift einen Rand von 30 cm markieren. Daraus ergibt sich eine Taschengrundfläche von 42 × 30 cm. Das Wachstuch an einer Ecke rechts auf rechts zu einem Dreieck legen. Mit 30 cm Abstand zu Spitze im rechten Winkel zur Saumkante eine 30 cm lange senkrechte Naht zur Rechteckmitte hin steppen. Das abgesteppte Dreieck bis auf eine Nahtzugabe von 1 cm einkürzen. Die restlichen Ecken genauso fertigen. Den Taschensaum bis zur Markierung der Taschengrundfläche umschlagen.

2_ Die Vlieseline an den Klebeflächen jeweils paarweise mit mittlerer Hitze aufeinanderbügeln. In den Taschensaum einschieben und die obere Taschenkante mit Büroklammern fixieren. Den oberen Taschenrand füßchenbreit absteppen, dabei die Vlieseline mitfassen. Die Naht mit etwas Abstand zur Ecke beginnen und vor der anderen Ecke mit etwas Abstand beenden. Die ganze Einkaufstasche versturzen.

Material

Das brauchen Sie

- Wachstuch, 102 × 140 cm
- dazu passendes Nähgarn
- Vlieseline Decovil I zum Aufbügeln, 45 × 90 cm
- Kunststoffeinsatz (Tray), 40 × 28 cm (1 ×)

So schneiden Sie zu

- **Wachstuch**
  Einkaufstasche Rechteck, 102 × 90 cm (1 ×)
  Tragebänder Rechteck, 102 × 8 cm (2 ×)

- **Vlieseline**
  Rechteck, 40,5 × 15 cm (4 ×)
  Rechteck, 28,5 × 15 cm (4 ×)

keine Nahtzugabe

Schwierigkeitsgrad

3_ Ein Seitenteil der Tasche nach innen in Richtung Taschenboden legen und den unteren Taschenrand von rechts schmalkantig absteppen. Dabei die Naht mit etwas Abstand zur Ecke beginnen und vor der anderen Ecke mit etwas Abstand beenden. Die anderen Seitenteilen ebenso steppen. Die seitlichen Taschenecken von rechts füßchenbreit absteppen.

4_ An allen Seiten des Tragebandes je 1 cm nach links einschlagen, das Trageband längs hälftig zusammenlegen und von rechts schmalkantig ringsum steppen. Die Tragebänder an den langen Seiten der Einkaufstasche mit je 8 cm Abstand zu den Ecken von außen aufsteppen, dabei in den bereits vorhandenen Nähten am oberen und unteren Saum steppen.

5_ Den Kunststoffeinsatz in die Einkaufstasche legen.

Tipp

Natürlich lässt sich die Einkaufstasche auch aus kräftigem Baumwollstoff nähen. Dieser ist zwar nicht abwaschbar, dafür aber zusammen mit der Vlieseline bei 30° waschbar.

Den Kunststoffeinsatz, ein sogenanntes Tray, bekommen Sie häufig in Gärtnereien und Gartencenter geschenkt. Es gibt ihn für unterschiedliche Töpfchengrößen.

Kniekissen

Bei Gartenarbeit wie Setzlinge pflanzen oder Unkraut jäten ist oftmals die Körperhaltung nach vorne gebeugt und auf den Knien. Das ist nicht immer gelenkschonend und bequem! Das Kniekissen lässt die Knie weicher aufliegen. Gleichzeitig schützt es vor Schmutz vom Boden durch die abwaschbare Unterseite aus Wachstuch. Und nach der Arbeit lässt sich gut darauf sitzen!

1_ Am Tragegriff umlaufend 1 cm nach links umschlagen. Den Tragegriff längs links auf links zusammenlegen und ringsum schmalkantig absteppen.

2_ Das Wachstuch für die Kissenunterseite an einer Ecke rechts auf rechts zu einem Dreieck legen. Mit 6 cm Abstand zur Spitze im rechten Winkel zur Saumkante eine 6 cm lange senkrechte Naht zur Rechteckmitte hin steppen. Das abgesteppte Dreieck bis auf eine Nahtzugabe von 1 cm einkürzen. Die restlichen Ecken genauso fertigen.

3_ Den Tragegriff an einer langen Seite des Kniekissens mittig rechts auf rechts aufsteppen, dabei in den vorhandenen Nähten der Tragebandenden steppen.

4_ Den Baumwollstoff rechts auf rechts an den langen Seiten und einer kurzen Seite an das Wachstuch steppen. Die Ecken etwas einkürzen, verstürzen. Den Schaumstoff mit der Kissenhülle beziehen.

5_ Die Öffnung per Hand schließen.

Material

Das brauchen Sie

- Wachstuch, 45 × 140 cm
- kräftigen Baumwollstoff, 40 × 140 cm
- dazu passendes Nähgarn
- Schaumstoff, 30 × 40 cm, 5 cm stark

So schneiden Sie zu

- **Wachstuch**
  Kissenunterseite Rechteck, 42 × 52 cm (1 ×)
  Trageband Rechteck, 8 × 25 cm (1 ×)

- **Baumwollstoff**
  Kissenoberseite Rechteck, 32 × 42 cm (1 ×)

keine Nahtzugabe

Schwierigkeitsgrad

Unkrautbeutel

Nichts gedeiht so zuverlässig wie das Unkraut. Ein kurzer Gang in den Garten endet schnell mit zwei Handvoll davon und das eigentliche Ziel ist vergessen. Mit dem Unkrautbeutel bleiben Ihre Hände frei. Er kann an jeder Gürtelschlaufe angebracht werden und nimmt mit viel Fassungsvermögen alle lästigen grünen Wegelagerer auf.

Material

Das brauchen Sie

- kräftigen Baumwollstoff, 25 × 150 cm
- 1 Nähfrei-Druckknopf, ∅ 15 mm
- dazu passendes Nähgarn

So schneiden Sie zu

Teile 47–49 auf dem Schnittbogen

- Unkrautbeutel (1 ×)
- Boden (1 ×)
- Riegel (1 ×)

Naht- und Saumzugabe 1,5 cm

Schwierigkeitsgrad

II

1_ Den Stoff für den Beutel rechts auf rechts legen und die Seitennaht des Unkrautbeutels steppen. Die Saumzugabe der oberen Beutelöffnung umschlagen, den Saum an der Umbruchkante erneut nach innen einschlagen und absteppen. Den Boden unten an den Unkrautbeutel steppen.

2_ Den Riegel rechts auf rechts längs falten, an der langen offenen und einer kurzen Seite absteppen. Die Nahtzugabe und die Ecke etwas einkürzen und das Teil verstürzen. Die Nahtzugabe der noch offenen Kante nach innen einschlagen. Mit dieser wie im Schnitt eingezeichnet den Riegel an die Ansatzlinie des Unkrautbeutels steppen. Den Druckknopf nach Herstellerangabe am offenen Riegelende und gegengleich auf dem Saum der oberen Beutelöffnung einnieten.

Erntesack

Es gibt Gartensituationen, da ist beim Ernten und Sammeln kein guter Platz für das Behältnis – egal ob ein wunderschöner Weidenkorb oder ein bunter Plastikeimer. Wie gut, wenn man dann die Ernte körpernah im Erntesack unterbringen kann. Übrigens passt ein kleines Eimerchen in den Erntesack. Falls die Ernte mal besonders saftig ausfällt.

1_ Das Teil für den Erntesack rechts auf rechts legen und die Seitennaht füßchenbreit steppen. Den Boden rechts auf rechts füßchenbreit an den Erntesack steppen. Verstürzen. Beim oberen Saum 1 cm nach innen umschlagen, erneut um 3 cm nach innen einschlagen und schmalkantig den Saum oben und unten feststeppen, dabei den Umschlag mitfassen.

2_ Das Trageband längs rechts auf rechts legen. An einer schmalen Kante und der offenen Längskante füßchenbreit steppen, die Ecken etwas einkürzen, verstürzen. Am noch offenen Ende den Stoff etwas nach innen einschlagen. Das Trageband ringsum schmalkantig absteppen, dabei den Umschlag mitfassen. Ein Ende des Tragebandes an die Seitennaht angrenzend von außen auf den Saum steppen, das andere Ende mit 20 cm Abstand feststeppen.

Material

Das brauchen Sie

- kräftigen Baumwollstoff, 60 × 150 cm
- dazu passendes Nähgarn

So schneiden Sie zu

- Erntesack Rechteck, 76 × 35 cm (1 ×)
- Boden Kreis, ∅ 25 cm (1 ×)
- Trageband Rechteck, 115 × 9 cm (1 ×)

keine Nahtzugabe

Schwierigkeitsgrad

Balkongeländer-utensilo

Balkongärtner benötigen längst nicht die ganze Werkzeugausstattung eines Gartengärtners. Dementsprechend fällt ein Balkongeländerutensilo für die zweckmäßige Aufbewahrung der Geräte etwas kleiner aus. Dafür ist es praktischerweise mit Klettband am Balkongeländer anzubringen und zugleich ein weiterer Farbtupfer zwischen Ihren liebevoll bepflanzten Balkonkästen.

Material

Das brauchen Sie

- **Utensilorückwand**
  kräftigen Baumwollstoff,
  45 × 150 cm
- **Utensilotasche und die Verschlussbänder**
  kräftigen Baumwollstoff,
  25 × 150 cm
- dazu passendes Nähgarn
- Haken-Klettband,
  2,5 × 2,5 cm (2 ×)
- Flausch-Klettband,
  2,5 × 2,5 cm (2 ×)

1_ Die beiden Verschlussbänder jeweils längs rechts auf rechts legen und an der offenen langen Seite und einer kurzen Seite absteppen. Die Ecken etwas einkürzen, verstürzen. Nun an beiden langen Seiten und am geschlossenen Ende schmalkantig absteppen.

2_ Die beiden Teile der Balkonutensilo-Rückwand rechts auf rechts legen, seitlich und unten absteppen. Die Verschlussbänder zwischen beide Rückwandhälften an die seitlichen Nähte legen. Das offene Verschlussbandende schließt mit der oberen Nahtzugabe der Rückwand ab. Absteppen und dabei mittig in der letzten Utensilorückwandnaht eine Öffnung von 8 cm lassen. Die Ecken etwas einkürzen, verstürzen. Die Öffnung von Hand schließen. Mit einem Randabstand von 3 cm ringsum steppen.

So schneiden Sie zu

- Utensilorückwand Rechteck, 36 × 36 cm (2 ×)
- Verschlussbänder Rechteck, 6 × 30 cm (2 ×)
- Utensilotasche Rechteck, 32 × 17 cm (1 ×)

Nahtzugabe 1,5 cm
Saumzugabe 2,5 cm für die obere Taschenkante

Schwierigkeitsgrad

3_ Die Saumzugabe der oberen Taschenkante doppelt einschlagen und feststeppen. Bei der Tasche mittig die senkrechte Stepplinie markieren. An der unteren Kante rechts und links von der Markierung mit je 1 cm Abstand den Stoff in eine Falte zur Markierung hin legen. Die Falten mit einer Hilfsnaht auf der Nahtzugabe fixieren. Die seitlichen und unteren Nahtzugaben nach innen einschlagen und mit 3 cm Abstand zum seitlichen und unteren Rückwandrand auf der Rückwand feststeppen. Auf der markierten vertikalen Stepplinie die Utensilotasche links auf rechts auf der Rückwand feststeppen.

4_ Das Haken-Klettband auf beide oberen Ecken der Rückwandvorderseite steppen. Dabei an allen vier Seiten des Klettband-Quadrates steppen. Das Flausch-Klettband ebenso an den beiden Verschlussbandenden anbringen.

Tipp

Beachten Sie an Ihrem Balkongeländer den Umfang des Handlaufs, der die Länge der Verschlussbänder bestimmt.

Nicht nur durch Mustermix, auch durch Nähgarn in Kontrastfarbe zum Stoff entstehen spannende Eigenkreationen. Experimentieren Sie mit verschiedenen Variationen. Dabei gilt der Grundsatz: Erlaubt ist, was gefällt!

Gartenschuh-schachtel

Bei Regenwetter gedeihen die Pflanzen ganz prächtig und schießen manchmal förmlich in die Höhe. Und die Gärtner werden mit jedem Schritt durchs nasse Beet größer und größer. Wieder drinnen trocknen die Gartenschuhe mit ihren erdigen Plateausohlen dann in der Gartenschuhschachtel. Ganz ohne Spuren zu hinterlassen, denn das Wachstuch und die Gummimatteneinlage sind abwaschbar. Bis zum nächsten Regenschauer.

Tipp

Schneiden Sie die Gummimatteneinlage mithilfe von Teppichmesser und Stahllineal auf einer schnittfesten Unterlage.

1_ Für die Gartenschuhschachtel auf der linken Seite des Wachstuchs umlaufend mit Bleistift einen Rand von 12 cm markieren. Daraus ergibt sich eine Schachtelgrundfläche von 29 × 34 cm.

2_ Das Wachstuch an einer Ecke rechts auf rechts zu einem Dreieck legen. Mit 12 cm Abstand zu Spitze im rechten Winkel zur Saumkante eine 12 cm lange senkrechte Naht zur Rechteckmitte hin steppen. Das abgesteppte Dreieck bis auf eine Nahtzugabe von 1 cm einkürzen. Die restlichen Ecken genauso fertigen. Den Schachtelsaum bis zur Markierung der Schachtelgrundfläche umschlagen.

Material

Das brauchen Sie

- Wachstuch, 55 × 140 cm
- dazu passendes Nähgarn
- Gummimatte von der Rolle, 30 × 100 cm
- Vlieseline Decovil I zum Aufbügeln, 20 × 90 cm

So schneiden Sie zu

- **Wachstuch**
  Gartenschuhschachtel Rechteck, 53 × 58 cm (1 ×)
- **Gummimatte**
  Einlage Rechteck, 27 × 32 cm (1 ×)
- **Vlieseline**
  Rechteck, 32,5 × 5,5 cm (4 ×)
  Rechteck, 27,5 × 5,5 cm (4 ×)

keine Nahtzugabe

Schwierigkeitsgrad

Barfuß im Garten empfiehlt sich bei der Gartenarbeit nur selten. Je nach Tätigkeit benötigen Sie verschiedenes Schuhwerk, das dem Fuß Halt gibt und ihn schützt.

3_ Die Vlieseline an den Klebefläche jeweils paarweise mit mittlerer Hitze aufeinanderbügeln. In den Schachtelsaum einschieben und die obere Schachtelkante mit Büroklammern fixieren. Den oberen Schachtelrand füßchenbreit absteppen, dabei die Vlieseline mitfassen. Die Naht mit etwas Abstand zur Ecke beginnen und vor der anderen Ecke mit etwas Abstand beenden. Die ganze Gartenschuhschachtel verstürzen.

4_ Ein Seitenteil der Schachtel auf den Schachtelboden legen. Dann den unteren Schachtelrand von rechts schmalkantig absteppen, dabei die Naht mit etwas Abstand zur Ecke beginnen und vor der anderen Ecke mit etwas Abstand beenden. Die anderen Seitenteilen ebenso steppen. Die Seitenränder der Ecken von rechts füßchenbreit absteppen.

5_ Die Gummimatteneinlage auf den Schachtelboden auflegen.

Tipp

In die Gartenschuhschachtel passen Schuhe bis Gr. 40. Sie leben auf besonders großem Fuß? Dann können Sie die Maße der Gartenschuhschachtel an Ihre Schuhgröße anpassen.

Kübelwinterschutzhülle

Kübelpflanzen sind praktisch. Mit ihnen lassen sich schöne Topfgärten komponieren, Lücken im Beet kaschieren und schwierige Standorte begrünen. Die robusteren Kübelbewohner dürfen den Winter über draußen bleiben. Mit isolierendem Material eingepackt und der Kübelwinterschutzhülle verkleidet, stehen die Pflanzen die kalte Zeit unbeschadet durch.

Material

Das brauchen Sie

- Jute, 55 × 130 cm
- Baumwollstoff, 20 × 150 cm
- dazu passendes Nähgarn

So schneiden Sie zu

- **Jute**
  Kübelwinterschutzhülle (Topf ∅ 30 cm) Rechteck, 50 × 100 cm (1 ×)
- **Baumwollstoff**
  Schleifenband Rechteck, 15 × 150 cm (1 ×)

keine Nahtzugabe

Schwierigkeitsgrad

I

1_ Für die Kübelwinterschutzhülle die Jute zu einem Quadrat von 50 × 50 cm rechts auf rechts zusammenlegen, an drei Seiten füßchenbreit steppen und verstürzen. Für den oberen Saum 1 cm nach innen umschlagen und füßchenbreit steppen.

2_ Für das Schleifenband den Baumwollstoff längs rechts auf rechts zusammenlegen, an der langen offenen Seite und einer kurzen Seite füßchenbreit steppen, die Ecken etwas einkürzen und verstürzen. Das offene Ende nach innen einschlagen und das Band schmalkantig ringsum steppen.

3_ Das Schleifenband mit 6 cm Abstand zum oberen Saum mittig auf der rückwärtigen Schutzhüllenseite mit einer senkrechten Naht aufsteppen.

Tipp

Es gibt fast so viele verschiedene Kübel- und Topfformen wie Pflanzensorten. Passen Sie die für Ihren Kübel erforderlichen Hüllenmaße individuell an.

Unser grünes Wohnzimmer

Im Garten wohnen.

Lieber draußen als drinnen sein beginnt mit den ersten warmen Sonnenstrahlen

und endet meist mit dem Fall der Blätter.

Erweitern Sie Ihren Wohnraum Richtung Natur.

Bierbankhussen

Feste feiern im Garten. Platz zum Sitzen finden die Gäste auf Bierbänken. Mit selbstgenähten Hussen lassen sich die Bierbankgarnituren festgerecht verschönern. Durch die Hussenlänge des Tisches bis knapp über die Sitzbank gibt es keinen Kampf zwischen Bein und Stoff. Und wer es bequemer mag, legt zwischen Sitzfläche und Bankhusse noch ein Polster.

1_ Für die Tischhusse die Rechtecke für die Tischkantenblende an deren schmalen Seiten füßchenbreit rechts auf rechts aneinandersteppen, sodass abwechselnd die Kopfseiten mit den Längsseiten verbunden sind. Diesen Ring nun füßchenbreit rechts auf rechts an das Rechteck für die Tischoberseite steppen. Die Nahtzugabe in Richtung Blende bügeln.

2_ An den Seitenteilen seitlich und unten je 1 cm nach links umschlagen, erneut um 1 cm nach innen einschlagen und den Umschlag füßchenbreit absteppen. Die Seitenteile an die Tischkantenblenden rechts auf rechts füßchenbreit feststeppen. Die Nahtzugabe in Richtung Blende bügeln.

3_ Für die Bankhussen an einer Ecke den Stoff rechts auf rechts zu einem Dreieck legen. Mit 10 cm Abstand zur Spitze im rechten Winkel zur Saumkante eine 10 cm lange senkrechte Naht zur Stoffmitte hin steppen. Das abgesteppte Dreieck bis auf eine Nahtzugabe von 1 cm einkürzen und die Schräge zur Naht hin einschneiden. Die Nahtzugabe an der Saumkante auseinanderbügeln. Die anderen Ecken ebenso fertigen.

Material

Das brauchen Sie

- **Tischplatte und -seitenteile**
  kräftigen Baumwollstoff,
  300 × 150 cm
- **Tischblende und Sitzbankhussen**
  kräftigen Baumwollstoff,
  270 × 150 cm
- dazu passendes Nähgarn

4_ Den Saum 1 cm nach innen umschlagen, erneut um 1 cm einschlagen und füßchenbreit ringsum absteppen. Bügeln Sie in die Bankhusse eine Kante als Trennung zwischen Sitzfläche und Seitenteilen. So fällt die Husse schöner.

Tipp

Die Bierbankhussen passen auf eine Bierbankgarnitur mit folgenden Maßen: Der Tisch hat eine Tischplattenfläche von 220 × 50 cm. Die Bank hat eine Sitzfläche von 220 × 27 cm und eine Sitzhöhe von 47,5 cm. Allerdings gibt es für Bierbankgarnituren keine Standardmaße. Messen Sie daher vor dem Zuschneiden Ihre Bierbänke (auch in der Sitzhöhe) genau aus und verändern Sie gegebenenfalls den Zuschnitt. Das ist nicht schwierig. Rechnen Sie zusätzlich zu den Grundflächenmaßen noch ringsum eine Nahtzugabe von je 1,5 cm hinzu. Für die seitlichen und unteren Säume rechnen Sie jeweils 2 cm Saumzugabe hinzu. Falls Sie sich unsicher sind, fertigen Sie zuerst einen Papierschnitt, z. B. aus altem Zeitungspapier.

So schneiden Sie zu

- **Für den Tisch**
  Tischoberseite Rechteck, 53 × 223 cm (1 ×)
  Tischkantenblende Kopfseite Rechteck, 10 × 223 cm (2 ×)
  Tischkantenblende Längsseite Rechteck, 10 × 53 cm (2 ×)
  Seitenteile Längsseite Rechteck, 23 × 225 cm (2 ×)
  Seitenteile Kopfseite Rechteck, 23 × 55 cm (2 ×)
- **Für die Bänke**
  Rechteck, 47 × 240 cm (2 ×)

keine Nahtzugabe

Schwierigkeitsgrad

Die Tischkantenblende verdeckt nicht nur die Tischkante, sondern fixiert auch die Bierbankhusse am Tisch. Die seitlichen Säume der Seitenteile sind doppelt eingeschlagen und abgesteppt – und ermöglichen so den flexiblen Fall.

Sonnenschirmhülle

Sommer, Sonne, Sonnenschirm. Wenn das Wetter mal weniger schön ist, bleiben wir im Schutz des Hauses und der Sonnenschirm wird durch die Sonnenschirmhülle geschützt. Das Wachstuch für die Hülle ist leicht zu nähen und muss nicht versäubert werden. So sieht beim nächsten Sonnenstrahl der Schirm wieder aus wie neu und wir genießen seinen Schatten.

1_ Das Wachstuch für die Hülle rechts auf rechts legen. Nicht mit Stecknadeln arbeiten, sondern gegebenenfalls mit Büroklammern oder Tesafilm fixieren. An der langen Seite füßchenbreit absteppen. Die Lackfoliestreifen am oberen Saum etwas auseinander gezogen mittig zwischen die rechten Seiten des Wachstuches legen und das Wachstuch füßchenbreit absteppen, dabei die Lackfoliestreifen mitfassen. Die Lackfolienstreifen liegen hierbei innen und sind beim Steppen nicht zu sehen! Die oberen Ecken etwas einkürzen. Die Sonnenschirmhülle mit Hilfe eines Besenstiels vorsichtig verstürzen, damit dabei keine Knicke entstehen.

2_ Für die untere Blende an der Lackfolie von rechts mit Bleistift auf einer langen Seite eine Markierung mit 1 cm Abstand zur oberen Schnittkante machen. Die Lackfolie rechts auf links bis zur Markierung unter das Wachstuch schieben und beides mit dem größtmöglichen Nähmaschinenstich schmalkantig aneinander steppen. An der schmalen Seite einen Schlitz offen lassen.

Tipp

Die Sonnenschirmhülle passt für Sonnenschirme mit 200 cm Schirmdurchmesser. Falls Ihr Sonnenschirm größer ist, können Sie die Hülle anpassen, indem Sie die untere Blende verlängern.

Material

Das brauchen Sie

- Wachstuch, 100 × 140 cm
- Lackfolie, 12 × 140 cm
- dazu passendes Nähgarn

So schneiden Sie zu

Teil 50 auf dem Schnittbogen

- **Wachstuch**
  Sonnenschirmhülle (1 ×)

- **Lackfolie**
  Streifen Rechteck,
  3,5 × 40 cm (3 ×)
  Blende Rechteck,
  12 × 97 cm (1 ×)

keine Nahtzugabe

Schwierigkeitsgrad

Tischset

Ein Salat aus den köstlichen Tomaten der ersten Ernte. Oder die frisch gepflückten Erdbeeren mit einem Klacks Sahne. Die Erträge aus dem eigenen Garten schmecken besonders gut. Draußen essen gehört dazu. Flecken auf dem Tisch manchmal auch. Mit dem abwaschbaren Tischset geht nichts auf das Tischtuch und Sie können unbesorgt genießen. Hmmm, lecker.

Material

Das brauchen Sie

- Wachstuch, 50 × 140 cm
- dazu passendes Nähgarn

So schneiden Sie zu

- Rechteck, 32 × 45 cm (1 ×)

Nahtzugabe 1,5 cm

Schwierigkeitsgrad

I

1_ Die Nahtzugabe an einer Seite umschlagen und mit Büroklammern fixieren. Von rechts mit dem größtmöglichen Steppstich 1 cm breit absteppen. Die übrigen Seiten ringsum ebenso arbeiten.

Tipp

Ihre alte Wachstuchdecke zeigt stellenweise Gebrauchsspuren, ist aber sonst noch gut erhalten? Warum fertigen Sie daraus nicht Tischsets und nehmen das Material so neu in Funktion? Wenn Sie sich eine stabile Schablone inklusive Nahtzugabe, z. B. aus Packpapier oder dünnem Karton, schneiden, können Sie wie bei einem Passepartout die schönsten Ausschnitte herausfinden. Diese einfach mit einem weichen Bleistift anzeichnen und zuschneiden.

Gartenstuhlkissen

Kissen kann man nie genug haben! Lauschige Sommerabende in fröhlicher Runde vertragen sich nicht mit unbequemem Sitzen auf Gartenstühlen. Das Gartenstuhlkissen ist ruckzuck genäht, da es ganz ohne Knöpfe oder Reißverschluss auskommt. Und so hat man schon mehr Zeit fürs Zusammensein mit Freunden und Familie.

1_ Für den Kisseneingriffsaum an beiden schmalen Seiten 1 cm nach innen umschlagen, nochmals um 1 cm einschlagen und den Umschlag füßchenbreit feststeppen.

2_ Von einer schmalen Seite aus 34 cm rechts auf rechts legen, dann von der anderen schmalen Seite den Stoff ebenfalls 34 cm rechts auf rechts legen. Die beiden Klappen überlappen sich nun und der Kissenbezug hat eine Gesamtgröße von 50 × 48 cm. Die Seitennähte füßchenbreit absteppen. Die Ecken etwas einkürzen, verstürzen.

3_ Ringsum mit 4 cm Abstand zur Saumkante steppen.

Material

Das brauchen Sie

- leichten Baumwollstoff, 55 × 150 cm
- dazu passendes Nähgarn
- Kisseninlett, 40 × 40 cm (1 ×)

So schneiden Sie zu

- Kissenhülle Rechteck, 120 × 50 cm (1 ×)

keine Nahtzugabe

Schwierigkeitsgrad

Tischläufer

Verschönern Sie Ihren Gartentisch mit einem Tischläufer vielleicht passend zu Ihren Gartenstuhlkissen? Da er aus einem umsäumten Rechteck besteht, ist er sehr einfach zu nähen. So einfach, dass Sie gleich noch einen nähen wollen. Einen für Morgens, einen für Sonntags, einen für den Sommer und einen zum Verschenken.

Material

Das brauchen Sie

- leichten Baumwollstoff, 55 × 150 cm
- dazu passendes Nähgarn

So schneiden Sie zu

- Tischläufer Rechteck, 50 × 150 cm (1 ×)

keine Nahtzugabe

Schwierigkeitsgrad

I

1_ Für den Saum ringsum 1 cm nach innen umschlagen, nochmals um 1 cm einschlagen und den Umschlag füßchenbreit absteppen.

Tipp

Variieren Sie die Maße des Tischläufers. Viele Dekostoffe haben eine größere Stoffbreite und erlauben dadurch mehr Länge. Oder Sie fertigen einen Patchworkläufer mit ganz individuellem Design, beispielsweise aus verschiedenen Stoffresten, die in unterschiedlich breite Querstreifen geschnitten wurden. Die Nahtzugaben bügeln Sie alle in eine Richtung und steppen diese dann von rechts knappkantig ab. Achten Sie darauf, dass die Stoffe eine ähnliche Qualität besitzen.

Balkongeländer-verkleidung

Balkone sind Gärten in Kleinformat. In Kästen und Kübeln wachsen Blumen und sogar Obst und Gemüse. Schaffen Sie sich ein lauschiges Plätzchen auf einer höheren Ebene. Da nicht jedes Balkongeländer Sichtschutz gewährt, können Sie sich Geborgenheit durch eine individuelle und mit Klettband leicht anzubringende Balkongeländerverkleidung ganz nach Ihrem Geschmack selber nähen.

1_ Für den Saum der Geländerverkleidung ringsum 1 cm nach innen umschlagen, nochmals um 2 cm einschlagen und den Umschlag steppen.

2_ Das Rechteck für die Verschlussbänder längs rechts auf rechts legen, die lange offene Seite steppen und das Teil verstürzen. Nun den Stoffschlauch in gleichlange Stücke zu 25 cm schneiden und die Enden versäubern. Die Verschlussbänder werden nun auf den Saum der Balkongeländerverkleidung gesteppt: in den oberen und unteren Ecken sowie gleichmäßig verteilt an der Ober- und Unterkante der Verkleidung (abhängig von den örtlichen Gegebenheiten). Dafür ein Verschlussbandende etwas nach außen umschlagen und mit Hakenklettband auf dem Saum der Balkongeländerverkleidung feststeppen. Das andere Ende des Verschlussbandes etwas nach innen umschlagen, das Flauschklettband feststeppen. Die restlichen Verschlussbänder genauso fertigen.

Tipp

Messen Sie vor dem Zuschnitt Ihr Balkongeländer in Höhe und Breite aus und passen Sie den Schnitt gegebenenfalls an die Maße Ihres Balkones an. Beachten Sie auch den Umfang des Handlaufes, der die Länge der Verschlussbänder bestimmt.

Material

Das brauchen Sie

- leichten Baumwollstoff, 540 × 150 cm
- dazu passendes Nähgarn
- Hakenklettband, 1,6 × 1,6 cm (20 ×)
- Flauschklettband, 1,6 × 1,6 cm (20 ×)

So schneiden Sie zu

- **Baumwollstoff**
  Balkongeländerverkleidung Rechteck, 500 × 90 cm (1 ×)
  Verschlussbänder Rechteck, 500 × 4 cm (1 ×); (ergibt 20 Verschlussbänder)
- **Verschlussbänder**
  Nahtzugabe 1,0 cm
- **Balkongeländerverkleidung**
  Saumzugabe 3,0 cm

Schwierigkeitsgrad

II

Gartenbankpolster

Abends auf der Gartenbank sitzen. Die letzten Strahlen der Sonne genießen. Zufrieden den Garten betrachten und vielleicht Pläne für den nächsten Tag schmieden. Für ein angenehmes Sitzgefühl sorgt das Gartenbankpolster. Es ist sehr einfach zu nähen. Bis die Sonne untergegangen ist, möchte man nicht mehr aufstehen. Das Leben ist schön.

Material

Das brauchen Sie

- kräftigen Baumwollstoff, 90 × 140 cm
- dazu passendes Nähgarn
- Schaumstoffplatte, 120 × 38 cm, 3 cm stark

So schneiden Sie zu

- **Baumwollstoff**
  Polsterhülle im Stoffbruch
  Rechteck, 123 × 41 cm (1 ×)

keine Nahtzugabe

Schwierigkeitsgrad

I

1_ Das Rechteck für die Polsterhülle längs rechts auf rechts zusammenlegen, an beiden kurzen Seiten und der langen Seite füßchenbreit steppen, dabei an der langen Seite mittig eine Öffnung von ca. 50 cm offen lassen. Die Ecken etwas einkürzen, verstürzen.

2_ Den Schaumstoff mit der Polsterhülle beziehen. Die Öffnung mit Nadel und Faden von Hand schließen.

Tipp

Der Bezug Ihres alten Gartenbankpolsters sieht nicht mehr schön aus, das Polsterkissen an sich ist aber noch tadellos? Beziehen Sie es einfach neu! Trennen Sie den alten Bezug auf und nehmen Sie ihn als Vorlage für den Zuschnitt des neuen Bezugsstoffs.

Garten-Leben

Ihr Garten lebt. Ihre Pflanzen, die tierischen Mitbewohner, selbst die Bodenorganismen machen aus Ihrem Garten einen bevölkerungsreichen Kleinstaat. Und Sie genießen das Leben mittendrin.

Indianerzelt

Wer in seinem Garten nicht nur Indianernesseln *(Monarda)* beherbergt, sondern auch waschechte kleine Indianer, kann ihnen mit dem Indianerzelt eine standesgemäße Unterkunft bieten. Für den Unterbau eignen sich Haselnussstangen *(Corylus avellana)*. Fünf Stangen werden in Zeltform standsicher aufgestellt, am Kreuzungspunkt gut verschnürt und mit der Zelthülle verkleidet. Howgh!

1_ Steppen Sie eines der beiden Teile für den Zelteingang an der Seitenkante rechts auf rechts an ein großes Zeltteil. Daran steppen Sie nun das nächste Zeltteil. Noch 2 × wiederholen. Zum Schluss das zweite Teil für den Zelteingang an das vierte Zeltteil steppen.

2_ Den Besatz für den Zelteingang füßchenbreit rechts auf rechts an die Zelteingangskanten steppen, längs falten, 1 cm des Besatzes nach innen einschlagen, den Besatz mit Stecknadeln feststecken und von rechts am Besatzansatz schmalkantig absteppen, dabei den Umschlag mitfassen. Die untere Besatzkante steppen.

3_ Den Besatz für die Zeltspitze rechts auf rechts an die obere Zeltkante füßchenbreit steppen, den Besatz rechts auf rechts längs mittig falten. Die seitlichen Kanten steppen, die oberen Ecken etwas einkürzen, verstürzen. 1 cm des Besatzes nach innen einschlagen, den Besatz mit Stecknadeln feststecken und von rechts am Besatzansatz schmalkantig absteppen, dabei den Umschlag mitfassen.

Material

Das brauchen Sie

- **Indianerzelt**
  leichten Baumwollstoff,
  250 × 150 cm
- **Zeltspitze**
  leichten Baumwollstoff,
  50 cm × 150 cm
- **Besatz am Zelteingang**
  leichten Baumwollstoff,
  30 × 150 cm
- **Bindebänder**
  leichten Baumwollstoff,
  30 × 150 cm

- dazu passendes Nähgarn
- Haselnussstange, 200 cm (5 ×)
- Schnur

So schneiden Sie zu

Teil 51 auf dem Schnittbogen

- Indianerzelteingang (2 ×)
- Indianerzeltteile (4 ×)
- Zelteingangbesatz Rechteck, 12 × 150 cm (2 ×)
- Zeltspitzenbesatz Rechteck, 52 × 42 cm (1 ×)
- Zeltspitzenbindeband Rechteck, 7 × 100 cm (1 ×)
- Verschlussbindebänder Rechteck, 7 × 40 cm (4 ×)

keine Nahtzugabe

Schwierigkeitsgrad

II

4_ Das Zeltspitzenbindeband und die Verschlussbindebänder jeweils rechts auf rechts längs mittig falten, füßchenbreit entlang der langen Seiten steppen und verstürzen. An den offenen Enden 1 cm nach innen einschlagen, schmalkantig absteppen.

5_ Das Zeltspitzenbindeband mittig zwischen Zeltspitze und Zelt auf der Zeltrückseite mit einer senkrechten Naht aufsteppen. Die Verschlussbänder von unten gemessen mit 15 cm und 62 cm Abstand auf den Zelteingangbesatz steppen.

Tipp

Das längs zur Hälfte gefaltete Schnittteil (= Indianerzelteingang) mit der geraden Kante an den Stoffanfang legen, zuschneiden, das Schnittteil auseinander falten (= Indianerzeltteil), es andersherum an die Schnittkante legen, wieder zuschneiden, das Schnittteil wieder drehen und zuschneiden (insgesamt 4 ×) und wieder mit dem zur Hälfte gefalteten Schnittteil enden (= Indianerzelteingang).

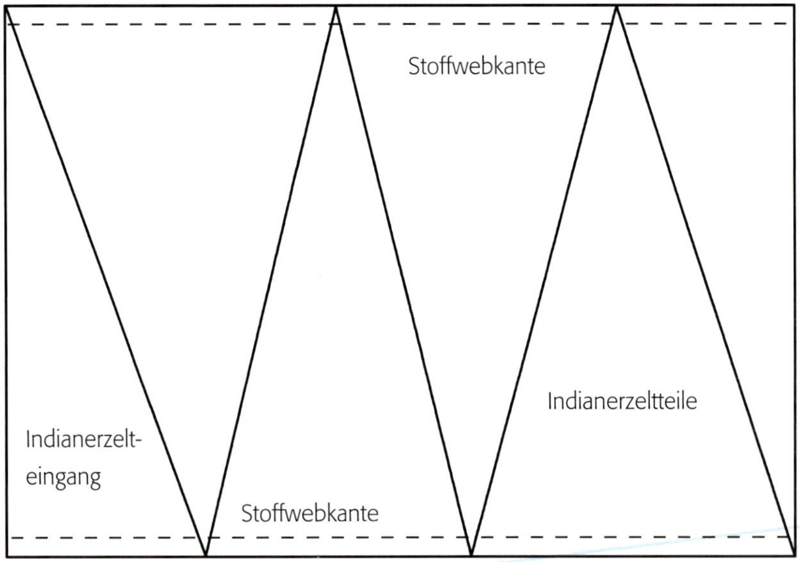

Nutzen Sie die Stoffwebkanten als unteren und oberen Saum. So müssen Sie nicht versäubern oder den Saum umnähen. Verlängern oder verkürzen Sie gegebenenfalls den Schnitt.

Spielblüten

Früh übt sich! Mit den Spielblüten beginnt das Gärtnern für die Kleinen und Kleinsten. Weicher Samt macht das Anfassen zum Vergnügen. Durch die Füllung erscheinen die Blüten schön plastisch. Und gelegentliches Gießen nehmen sie auch nicht krumm!

1_ Jeweils zwei passende Blütenhälften rechts auf rechts legen und steppen, dabei eine Öffnung von ca. 4-5 cm offen lassen.

2_ Die Nahtzugabe mit der Schere etwas einkürzen. An den Rundungen nach außen die Spitzen etwas kappen. Bei Rundungen nach innen mit der Schere an der tiefsten Stelle einen kleinen Schnitt zur Naht hin machen. Verstürzen. Die Nahtkanten der Blütenblätter vorsichtig herausarbeiten.

3_ Die Blüte durch die Öffnung mit Füllwatte füllen, formen und zwischen den einzelnen Blütenblättern und in der Blütenmitte nur wenig Füllwatte einbringen Die Öffnung von Hand schließen, dabei vor dem Zunähen die Nahtzugaben der offenen Blütenblatthälften einschlagen und mit Heftfaden fixieren.

4_ Mit farblich kontrastierendem Stickgarn beide Blütenhälften in der Blütenmitte von Hand zusammennähen und mit ein paar lockeren Stichen auf beiden Seiten einen Blütenboden formen.

Tipp

Bei Samt vor dem Nähen unbedingt beachten, dass bei den rechts auf rechts zusammengelegten Teilen der Samtstrich in die gleiche Richtung geht. Das erspüren Sie beim Darüberstreichen mit der Hand.

Material

Das brauchen Sie

- Samt- oder Baumwollstoffrest, pro Spielblüte 25 × 15 cm
- dazu passendes Näh- und Stickgarn
- Füllwatte

So schneiden Sie zu

Teile 52–54 auf dem Schnittbogen

- Blüte Storchschnabel (2 ×)
- Blüte Sonnenauge (2 ×)
- Blüte Ballonblume (2 ×)

Nahtzugabe 1,0 cm

Schwierigkeitsgrad

Rollmatte

Gartenarbeit kann ziemlich anstrengend sein. Da hilft eine kleine Pause ganz enorm. Einfach mal den Rücken entspannen und sich erholen. Mit Gymnastik, Yoga oder ein wenig Meditation. Damit dies bequemer wird, ist in die Rollmatte eine Einlage eingenäht. Und wenn Sie sich dann genug erholt haben, rollen Sie die Rollmatte durch die angenähten Bindebänder schnell wieder zusammen.

Material

Das brauchen Sie

- leichten Bauwollstoff, 240 × 150 cm
- Vlieseline 272 Thermolam, 200 × 114 cm
- dazu passendes Nähgarn

So schneiden Sie zu

- **Baumwollstoff**
  Außenhülle Rechteck, 202 × 147 cm (1 ×)
  Bindebänder Rechteck, 147 × 10 cm (2 ×)
- **Vlieseline**
  Einlage Rechteck, 200 × 72 cm (1 ×)

keine Nahtzugabe

Schwierigkeitsgrad

Tipp

Eventuell haben sich bei der Außenhülle nach dem Nähen, Verstürzen und Bügeln die geplanten Innenmaße verändert. Messen Sie daher lieber nochmals nach, bevor Sie die Einlage zuschneiden. So können Sie diese exakt der Liegedecke anpassen.

1_ Das Rechteck für die Außenhülle längs rechts auf rechts zusammenlegen und füßchenbreit an der oberen, seitlichen und unteren Kante steppen, dabei an der unteren Kante eine Öffnung von 50 cm offen lassen. Die Ecken etwas einkürzen. Die Außenhülle verstürzen. Zuerst die verstürzten Kanten, dann die übrige Außenhülle glatt bügeln.

2_ Die Einlage in die Außenhülle einschieben. An der unteren Öffnung die Nahtzugabe nach innen einschlagen und die Öffnung von Hand schließen. Nun die Außenhülle mitsamt der Einlage am Rand mit Stecknadeln fixieren. Die Liegedecke ringsum mit 4 cm Abstand zur Saumkante steppen. Dabei die Einlage mitfassen.

3_ Ein Bindeband längs rechts auf rechts legen und füßchenbreit entlang der offenen Seite absteppen. Verstürzen. Die offenen Enden etwas nach innen einschlagen und das Bindeband ringsum schmalkantig feststeppen. Das zweite Bindeband genauso fertigen. Die Bindebänder hälftig an der untere Saumkante der Liegedecke von außen mit 15 cm Abstand zu den seitlichen Saumkanten in der bereits vorhandenen Naht feststeppen.

Tipp

Als Einlage eignet sich statt Vlieseline auch eine vielleicht nicht mehr ganz so schöne Decke, z. B. aus Fleece. Falls deren Maße nicht mit der Liegedecke übereinstimmen, können Sie einfach zwei Teile mit einem breiten Zickzackstich zusammenfügen.

Die Rollmatte behält ihren zusammengerollten Zustand mithilfe der Bindebänder. Dadurch lässt sie sich leicht transportieren und kann platzsparend in den Winterschlaf gehen.

Nackenrolle

Unterm Baum liegen, den sich bewegenden Blättern zusehen und zuhören, wie es leise raschelt. Es sich gemütlich machen, den Kopf auf die Nackenrolle legen und in den Tag hineinträumen. Eine Schaumstoffrolle bildet den Kern der Nackenrolle. Beim Bezug stören weder Reißverschluss noch Knöpfe den Schlummer und er ist zum Waschen abnehmbar.

1_ An den kurzen Seiten der Nackenrolle 1 cm nach links umschlagen, erneut um 1 cm nach innen einschlagen und füßchenbreit absteppen.

2_ Die langen Seiten der Nackenrolle mit Stecknadeln an die kreisrunden Seitenteile stecken und steppen. Der Nackenrollenstoff ist um 8 cm länger als der Umfang der Seitenteile. Diese 8 cm sollen überlappen. Beim Feststeppen darauf achten, dass der Stoff beim Nähen nicht verzogen wird. Verstürzen.

3_ Die Schaumstoffrolle mit der Nackenrolle beziehen.

Material

Das brauchen Sie

- leichten Baumwollstoff, 50 × 150 cm
- Schaumstoffrolle, 40 cm, ∅ 15 cm (1 ×)
- dazu passendes Nähgarn

So schneiden Sie zu

- Nackenrolle Rechteck, 56 × 40 cm (1 ×)
- Seitenteile Kreis, ∅ 15 cm (2 ×)

Nahtzugabe 1,5 cm
Saumzugabe an den kurzen Seiten 2,0 cm

Schwierigkeitsgrad

Gartentagebuch

Ein Gartenjahr ist so schnell vorbei und vergessen. Halten Sie Ihre Gartenerlebnisse in einem Gartentagebuch fest. Darin ist viel Platz für Wetterdaten, Pflanzpläne und Ernterekorde. Gummibänder halten den Stift oder dienen als Lesezeichen. Ihr ganz persönliches Gartentagebuch wird zum unverzichtbaren Begleiter. Und im Winter schmieden Sie mit seiner Hilfe Pläne fürs nächste Jahr.

Material

Das brauchen Sie

- kräftigen Baumwollstoff, 30 × 150 cm
- dazu passendes Nähgarn
- Haken-Klettband, 2 × 2 cm
- Flausch-Klettband, 2 × 2 cm
- Gummiband Pyjama-Elastic, 50 × 2 cm
- Blanko-Buch DIN A5

So schneiden Sie zu

- **Baumwollstoff**
  Gartentagebuchhülle Rechteck, 50 × 21cm (1 ×)
  Verschlussriegel Rechteck, 6 × 4 cm (1 ×)

Nahtzugabe 1,5 cm

- **Gummiband**
  Stiftehalter, 4 cm (1 ×)
  Klemmbänder, 23 cm (2 ×)

ohne Nahtzugabe

Schwierigkeitsgrad

II

1_ Den Verschlussriegel längs rechts auf rechts legen und an der langen Seite und einer kurzen Seite steppen. Die Ecken etwas einkürzen. Verstürzen. Das offene Ende einschlagen und den Verschlussriegel ringsum schmalkantig absteppen. Das Flausch-Klettband an einem Ende ringsum aufsteppen. Das Gummiband für den Stiftehalter zur Hälfte legen und die offenen Enden auf der Innenseite des Verschlussriegels füßchenbreit aufsteppen, dabei liegt die geschlossene Seite der Gummibandschlaufe in der Mitte des Verschlussriegels.

2_ Die Nahtzugabe an den kurzen Seiten der Buchhülle nach links einschlagen und füßchenbreit feststeppen. Am geschlossenen Blanko-Buch Maß nehmen und den Umschlag einmal komplett um den Buchdeckel nach innen legen. Bei der Buchrückseite von der äußeren Kante der Buchhülle nochmals 3, 5 cm nach innen versetzt das buchrückseitige Ende des Verschlussriegels mittig auf die Buchhülle aufsteppen. Das Haken-Klettband auf der Buchvorderseite gegengleich zum Flausch-Klettband des Verschlussriegels aufsteppen.

3_ Die seitlichen Umschläge der Buchhülle rechts auf rechts legen, die Klemmgummibänder längs mittig dazwischenlegen. Die Umschläge oben und unten feststeppen, dabei die Klemmbänder mitfassen. Die Ecken etwas einkürzen, verstürzen. Die oberen und unteren Nahtzugaben der seitlichen Umschläge nach innen umschlagen und schmalkantig absteppen, dabei nicht die seitlichen Umschläge mitfassen. Das Blanko-Buch mit der Gartentagebuchhülle beziehen.

Blumenerntetuch

Ein lustvoller Gang durch den blühenden Garten liefert die Zutaten für Ihren Blumenstrauß. Sammeln Sie Blütenstiele und Beigrün im Blumenerntetuch. Geöffnet sehen Sie Ihre Ernte in voller Pracht vor sich. Und das Tuch schützt Blumen und Unterlage. Binden Sie den Strauß und bringen Sie ein Stück Garten ins Haus hinein.

1_ Vlieseline auf die jeweils linke Seite eines Blumenerntetuchteiles und einer Tuchbodenhälfte aufbügeln. Den Tuchboden am Stoffbruch um die Vlieseline klappen, die rechte Stoffseite ist außen.

2_ Die Tragebänder jeweils längs rechts auf rechts legen, steppen, verstürzen. Beide Tuchhälften nun rechts auf rechts legen, die Tragebänder an den wie im Schnitt eingezeichneten Ansatzlinien nach innen zwischen die Tuchhälften legen. Ringsum bis auf die untere Kante des Blumenerntetuchs steppen. An den Ecken vorsichtig mehrmals senkrecht knapp bis zur Naht einschneiden. Verstürzen, schmalkantig absteppen. Die Nahtzugaben an der unteren Kante nach innen legen.

3_ Die Nahtzugabe des Tuchbodens nach innen in die noch offene Kante des Blumenerntetuchs schieben und steppen.

Tipp

Steppen Sie von beiden Seiten jeweils von der Außenkante bis zur Mitte des Blumenerntetuchs.

Material

Das brauchen Sie

- leichten Baumwollstoff, 60 × 150 cm
- Vlieseline Decovil I zum Aufbügeln, 55 × 90 cm
- dazu passendes Nähgarn

So schneiden Sie zu

Teile 55–57 auf dem Schnittbogen

- **Baumwollstoff**
  Blumenerntetuchhülle im Stoffbruch (2 ×)
  Tuchboden im Stoffbruch (1 ×)
  Tragebänder (2 ×)

- **Vlieseline**
  Einlage der Blumenerntetuchhülle im Stoffbruch, die Vlieseline dabei nicht knicken (1 ×)
  Einlage des Tuchbodens (1 ×)

Nahtzugabe bei Baumwollstoff 1,5 cm

Schwierigkeitsgrad

Töpfchentasche

Großes Vergnügen neben dem heimischen Garten bereiten ein Besuch bei Gartenfreunden und die Besichtigung ihrer Gärten. Ein willkommenes Mitbringsel ist dabei natürlich ein liebevoll gezogener Staudenableger. In die schnell genähte Töpfchentasche passen Plastiktöpfe bis 12 cm Durchmesser. Das Pflanzengeschenk erhält so eine hübsche und gleichzeitig tragbare Verpackung.

Material

Das brauchen Sie

- leichten Baumwollstoffrest, 45 × 35 cm
- dazu passendes Nähgarn

So schneiden Sie zu

- Töpfchentasche Rechteck, 40 × 20 cm (1 ×)
- Tragebänder Rechteck, 40 × 5 cm (2 ×)

keine Nahtzugabe

Schwierigkeitsgrad

1_ Die Töpfchentasche an den schmalen Seiten rechts auf rechts zusammenlegen und seitlich und unten füßchenbreit absteppen. An jenem Eckpunkt, an dem seitliche und untere Naht aufeinandertreffen, den Stoff links und rechts der Nähte auseinanderziehen, sodass ein kleines Dreieck entsteht. Von der Nahtspitze gemessen mit 4,5 cm Abstand quer zur vorhandenen Naht im 90°-Winkel eine gerade Linie steppen. Das abgesteppte Dreieck bis auf eine Nahtzugabe von 1 cm einkürzen. Die andere Seite gegengleich arbeiten. So entsteht der Boden der Tasche.

2_ Nun die Töpfchentasche verstürzen. An der oberen Saumkante 1,5 cm doppelt einschlagen und den Umschlag schmalkantig absteppen.

3_ Die Tragebänder jeweils längs rechts auf rechts legen, schmalkantig absteppen und verstürzen. In gleichmaßigem Abstand in Verlängerung der Taschenecken von innen am Saum feststeppen, dabei in der vorhandenen Naht steppen und so die kurzen offenen Enden der Tragebänder schließen.

Wäscheklammerbeutel

Frisch gewaschene Wäsche, die in der Sonne an der Leine flattert, ist nicht nur schnell trocken, sondern hat auch einen ganz besonderen Duft. Den Wäscheklammerbeutel hängen Sie mit an die Wäscheleine. So sind die Klämmerchen gleich griffbereit und genauso schnell wieder aufgeräumt; falls der Regen kommt. Oder alle Schmutzwäsche gewaschen ist.

1_ Das Seitenteil rechts auf rechts legen und an den schmalen Seiten die Seitennaht steppen. Das Seitenteil rechts auf rechts an den Boden steppen, dabei liegt die Seitennaht an einer Ecke des Bodens. Verstürzen. Am oberen Saum 1 cm nach innen umschlagen, erneut um 2 cm nach innen einschlagen und den Umschlag schmalkantig absteppen.

2_ Die Riegel jeweils längs rechts auf rechts zusammenlegen und an der langen und einer kurzen Seite steppen. Die Ecke etwas einkürzen. Verstürzen. Das offene Ende nach innen einschlagen und schmalkantig absteppen. Für die Aufhängung des Spitzhakens eine Hälfte eines Riegels außen auf den Beutelumschlag steppen, um die untere Öse des Spitzhakens legen und auf dem Umschlag innen feststeppen, dabei in der vorhandenen Naht des Umschlags steppen. Die restlichen Riegel gleichmäßig verteilt auf dem Beutelumschlag feststeppen. Dazu die Riegel zur Hälfte legen, den Umschlag von außen und innen mit dem Riegel umfassen und auf dem Umschlag in der vorhandenen Naht feststeppen.

3_ Das Verschlussband längs rechts auf rechts legen und füßchenbreit absteppen. Verstürzen. Die offenen Enden nach innen einschlagen und absteppen. Das Verschlussband durch die Riegel auf dem äußeren Umschlag einziehen.

Material

Das brauchen Sie

- kräftigen Baumwollstoff, 30 × 150 cm
- dazu passendes Nähgarn
- Spitzhaken, 25 mm, ∅ 6 mm (1 ×)

So schneiden Sie zu

- Seitenteil Rechteck, 50 × 23 cm (1 ×)
- Boden Rechteck, 11 × 14 cm (1 ×)
- Riegel Rechteck, 4 × 6 cm (5 ×)
- Verschlussband Rechteck, 80 × 5 cm (inklusive Nahtzugabe) (1 ×)

Nahtzugabe 1,5 cm
obere Saumzugabe 3 cm

Schwierigkeitsgrad

Lavendelsäckchen

Fangen Sie den Duft des Sommers ein. Mit getrockneten Blüten gefüllt, erfrischen die Lavendelsäckchen auch im Winter Schränke und Schubladen. Motten haben keine Chance und Ihre Kleidung bleibt geschützt. Wenn der Inhalt verduftet ist, kann er ganz einfach im folgenden Jahr durch die neue Blütenernte ausgetauscht werden.

Material

Das brauchen Sie

- leichten Baumwollstoffrest, 30 × 10 cm
- Satinband, 20 × 7 mm
- dazu passendes Nähgarn

So schneiden Sie zu

- Rechteck, 25 × 8 cm (1 ×)

keine Nahtzugabe

Schwierigkeitsgrad

I

1_ An den schmalen Seiten des Säckchens den Stoffrand doppelt einschlagen und feststeppen.

2_ Das Lavendelsäckchen rechts auf rechts hälftig zusammenlegen und an den Seiten schmal absteppen. Die Ecken etwas einkürzen. Verstürzen.

3_ Mit getrockneten Lavendelblüten füllen. Das Lavendelsäckchen mit dem Satinband verschließen.

Tipp

Experimentieren Sie auch mit anderen Füllungen. Wie wäre es z. B. mit dem betörenden Duft getrockneter Rosenblätter? Hierzu eignen sich besonders gut historische Sorten. Trocknen Sie im Laufe des Sommers verschiedene Blütenblätter aus Ihrem Garten und kreieren so Ihre eigene Duftmischung.

Dank

Mein Dank gilt allen, die ihren Anteil daran hatten, dass aus meinen Ideen dieses Buch wurde: Den Models Sandra-Mareike Kreß, Simona Meier, Fenja Gerharter und Franz Höpfl, die von Bettina Salomon im wunderbaren Garten von Katrin Schumann fotografiert wurden. Ich danke Kerstin Körner für ihre fachliche Unterstützung, Oliver Eichstedt für das Portraitfoto, und Sabine Eichstedt, die mich hierfür gekonnt ins rechte Licht rückte. Von Herzen danke ich Walter Haag für seine Geduld bei den Anproben und – wie auch Claudia Wagner und Walter Wagner – für die immerwährende liebevolle Unterstützung.

Alle Nähideen auf einen Blick

Gartenkleidung

Unser grünes Wohnzimmer

Accessoires

Garten-Leben

Adressen, die Ihnen weiterhelfen

Stoffe

IKEA Deutschland GmbH & Co. KG
Die Adressen der verschiedenen Einrichtungshäuser finden Sie unter
www.ikea.com
Baumwollstoffe in großer Auswahl

limetrees
Schwarzer Bär 3
30449 Hannover
www.limetrees.de
Ladengeschäft und Onlineshop für Stoffe mit Pflanzen- und Blumenmotiven, auch Wachstuch

Meterwerk
Jakobsplatz 30
86152 Augsburg
www.meterwerk.de
Onlineshop für Bio-Baumwolle

Stoffmarkt am Markusturm
Hafengasse 22
91541 Rothenburg ob der Tauber
Tel. 0 98 61/8 73 88 81
Ladengeschäft für Stoffe mit Blumenmotiven und Dekostoffe aus Spanien

VBS Hobby Service
Justus-von-Liebig-Straße 8
27270 Verden (Aller)
www.vbs-hobby.com
Onlineshop u. a. mit Fleecestoffen im Sortiment

Wachstuch und Schaumstoff

gibt es in den meisten Baumärkten

Jute

finden Sie z. B. als günstige Kartoffelsäcke in Raiffeisenmärkten und -lagerhäusern

Nähzutaten

Ihr örtliches Handarbeitsgeschäft
führt Nähgarne, Nähzutaten und hilft oftmals mit einem Rat weiter

Freudenberg Vliesstoffe KG
Postfach
69465 Weinheim
www.vlieseline.de
Hersteller von Vlieseline

Gütermann GmbH
Landstraße 1
79261 Gutach-Breisgau
www.guetermann.com
Hersteller von Nähgarn

Prym Consumer Europe GmbH
Zweifaller Straße 130
52224 Stolberg
www.prym-consumer.com
Hersteller von Nähfrei-Druckknöpfen, Parallelkopierrad und weiterem Nähzubehör

Ferd. Schmetz GmbH
Bicherouxstraße 53-59
52134 Herzogenrath
www.schmetz.com
Hersteller von Nähnadeln

Kniepolster
findet man in großer Auswahl bei Ebay

Maßanfertigungen und Nähkurse

Atelier Kerstin Körner
Lange Straße 26
74523 Schwäbisch Hall
www.atelier-kerstinkoerner.de

Über die Autorin

Als gelernte Verlagsbuchhändlerin ist die freie Autorin **Ines Wagner** mit dem Büchermachen von Grund auf vertraut. Ihren Garten, den sie seit vielen Jahren pflegt und behutsam umgestaltet, liebt sie bereits seit Kindertagen. Die praktische Gartenarbeit und ihre Schneiderkenntnisse inspirierten sie, für Garten und Gärtner Nützliches mit Dekorativem zu verbinden.

Die freischaffende Fotografin **Bettina Salomon** ist nach jahrelangem Wirken in London und San Francisco seit 2003 in Salzburg tätig. Ihre Fotografien sind in internationalen Ausstellungen zu sehen und werden von den wichtigsten Bildagenturen veröffentlicht. In Kursen und Workshops bringt sie ihren Teilnehmern die Kunst der Fotografie näher.

Weitere Informationen unter: *www.bettinasalomon.com*

Impressum

Information der Deutschen Nationalbibliothek

Die Deutsche Nationalbibliothek verzeichnet diese Publikation in der Deutschen Nationalbibliografie; detaillierte bibliografische Daten sind im Internet über http://dnb.d-nb.de abrufbar.

BLV Buchverlag GmbH & Co. KG

80797 München

Bildnachweis
Alle Bilder von Bettina Salomon,
außer: Oliver Eichstedt, S. 127 oben
Schnittmuster: Ines Wagner, Grafik: Sabine Kässner, Gradierung: Kerstin Körner
Umschlagkonzeption: Kochan & Partner
Umschlagfotos: Titelbild: Flora Press
Rückseite: Bettina Salomon

Lektorat: Sandra-Mareike Kreß
Textlektorat: Sandra-Mareike Kreß, Julia Strohbach
Herstellung: Angelika Tröger
Layoutkonzept Innenteil: griesbeck design, Dorothee Griesbeck, München
DTP: Uhl + Massopust GmbH, Aalen

Gedruckt auf chlorfrei gebleichtem Papier
Printed in Germany · ISBN 978-3-8354-1082-4

Hinweis
Das vorliegende Buch wurde sorgfältig erarbeitet. Dennoch erfolgen alle Angaben ohne Gewähr. Weder Autorin noch Verlag können für eventuelle Nachteile oder Schäden, die aus den im Buch vorgestellten Informationen resultieren, eine Haftung übernehmen.